Carlos Rey

La misión en la empresa

Carlos Rey

La misión en la empresa

De la idea a la implementación

PUBLICIA

Impressum / Aviso legal
Bibliografische Information der Deutschen Nationalbibliothek: Die Deutsche Nationalbibliothek verzeichnet diese Publikation in der Deutschen Nationalbibliografie; detaillierte bibliografische Daten sind im Internet über http://dnb.d-nb.de abrufbar.

Información bibliográfica de la Deutsche Nationalbibliothek: La Deutsche Nationalbibliothek clasifica esta publicación en la Deutsche Nationalbibliografie; los datos bibliográficos detallados están disponibles en internet en http://dnb.d-nb.de.

Coverbild / Imagen de portada: www.ingimage.com

Verlag / Editorial:
PUBLICIA
ist ein Imprint der / es una marca de
OmniScriptum GmbH & Co. KG
Bahnhofstraße 28, 66111 Saarbrücken, Deutschland / Alemania
Email / Correo Electrónico: info@omniscriptum.com

Herstellung: siehe letzte Seite /
Publicado en: consulte la última página
ISBN: 978-3-8416-8240-6

Zugl. / Aprobado por: Barcelona, Universitat internacional de Catalunya, Tesis Doctoral, 2009

ÍNDICE

A. INTRODUCCIÓN

"Todos tenemos una necesidad profundamente arraigada de contribuir –de dedicar tiempo y energía a esfuerzos que valen la pena-... /...Los individuos quieren entender la finalidad de la organización y cómo pueden contribuir, pero los directivos deben liberar y dar cauce a este potencial" (Simons, 1995, 80-87).

En las últimas décadas, son muchas las empresas que han realizado un ejercicio de definición y comunicación de una misión. La misión, considerada comúnmente como el "para qué" o la "razón de ser" de la empresa, es presentada y defendida por numerosos autores del management como una herramienta fundamental para el desarrollo y buen funcionamiento de cualquier organización (Drucker, 1974). De hecho, es difícil encontrar un texto sobre planificación estratégica que no haga referencia a la necesidad de tener una declaración de misión (Bart, 1998, 823). Sin embargo, a pesar de la abundante literatura existente, las numerosas metodologías propuestas por diversos autores y los recursos dedicados por tantas empresas a implementar una misión, diversos estudios demuestran que, en términos generales, estos ejercicios no han llegado a generar los resultados esperados (Campbell & Nash, 1992, 80-86). Comúnmente, la situación de la misión en la práctica se caracteriza por un escaso impacto sobre el comportamiento de los empleados y un efecto no significativo sobre los resultados económicos (Pearce & David, 1987,112; Bart, 1997, 12-14; Barktus & Glassman, 2007, 214). Es lo que podríamos llamar el *fracaso de la misión* en el mundo empresarial (Cardona y Rey, 2005, 56).

OBJETIVO E HIPÓTESIS:

Frente a esta situación, varios autores han realizado diferentes recomendaciones, tanto de orden teórico como práctico. Sin embargo, no hemos encontrado en la literatura una obra que recoja, de manera conjunta, las distintas causas que llevan al fracaso de la misión y las recomendaciones que puedan evitarlo. El objetivo de nuestra investigación consiste en cubrir este vacío, presentando las deficiencias de las principales teorías y metodologías existentes para el desarrollo de la misión, y estableciendo posibles vías de solución a las mismas. Este trabajo pretende servir de ayuda para futuros desarrollos teóricos de la misión en la empresa y, a su vez, contribuir al diseño de nuevas metodologías que aseguren una mejor implementación práctica de la misión en el mundo empresarial.

Como hipótesis central de esta tesis, hemos considerado que la motivación prosocial de los miembros de la empresa, a pesar de ser un factor apenas considerado por la literatura existente de la misión, juega un papel determinante en el desarrollo de la misión en la empresa.

ESTRUCTURA:

El presente trabajo está dividido en tres partes:

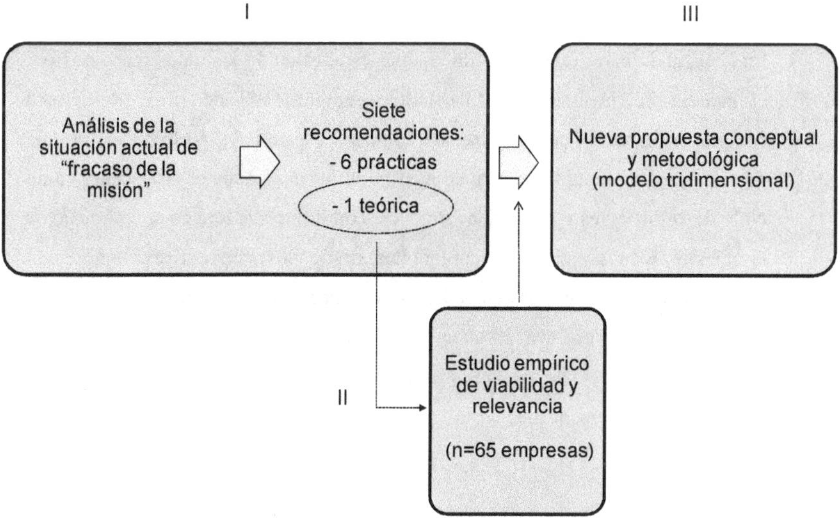

La primera parte se centra en el estudio del estado de la cuestión a partir de la literatura existente. Empezaremos exponiendo las diferentes perspectivas de diversos autores sobre el concepto "misión", su contenido y recomendaciones para su desarrollo e implementación. A continuación, a partir de diversos estudios de distintos investigadores, realizaremos un análisis crítico de la misión en la práctica, poniendo en evidencia las principales carencias existentes en el común de las empresas, y estableciendo seis recomendaciones prácticas para su resolución. Finalmente, debido al escaso impacto que la misión tiene en el comportamiento de los empleados de la mayoría de las empresas, y considerando que este problema es algo más que una deficiente implementación práctica de la teoría existente, realizaremos un análisis crítico del marco teórico de la misión.

En este análisis, veremos como el marco teórico de la misión comúnmente empleado en la literatura utiliza un esquema conceptual incompleto pues sólo contempla parte de lo que, en esencia, es la misión de la empresa. Como conclusión a este análisis propondremos la necesidad de re-definir el concepto misión incorporando al marco teórico existente, como parte esencial del mismo, un nuevo elemento fundamental no considerado por el común de la literatura de la misión: las motivaciones prosociales de los miembros de la organización.

En la segunda parte realizamos un análisis estadístico de los datos recogidos por el estudio de investigación "La cultura empresarial" de IESE-IRCO para comprobar, sobre un conjunto de 65 empresas españolas y portuguesas, en qué medida nuestra propuesta teórica de incorporar las motivaciones prosociales como parte de la misión es una realidad práctica, con influencia real en el fenómeno de la misión. Esta cuestión la abordaremos desde dos perspectivas: análisis de viabilidad y análisis de relevancia. En la primera perspectiva analizaremos en qué medida las motivaciones prosociales son compatibles con las motivaciones extrínsecas e intrínsecas. En la segunda perspectiva analizaremos en qué medida las motivaciones prosociales de los miembros de la empresa son relevantes para conseguir el compromiso de los empleados con la misión, siendo este compromiso la condición principal para el desarrollo de una misión efectiva (Bart *et* al. , 2001, 20). Para el análisis de estas dos perspectivas, establecemos las siguientes hipótesis:

H1: La motivación prosocial está correlacionada de forma positiva y significativa con la motivación intrínseca.

H2: La motivación prosocial no está correlacionada de forma negativa con la motivación extrínseca.

H3: La motivación prosocial de las personas de la empresa influye de forma positiva y significativa en el desarrollo del compromiso de los empleados con la misión.

Mediante la validación de las tres hipótesis planteadas confirmamos que la motivación prosocial, aunque apenas ha sido considerada en la literatura del management, es un factor fundamental para el desarrollo de la misión desde el punto de vista práctico. Una realidad que, en nuestra opinión, confirma la validez de nuestras suposiciones iniciales sobre la necesidad de re-definir el concepto misión, incorporando en su esquema conceptual el desarrollo de las motivaciones prosociales de los miembros de la empresa.

En la tercera parte de la tesis, a partir de las conclusiones de las dos partes anteriores, se propone un nuevo modelo conceptual de la misión de la empresa que llamaremos *modelo tridimensional.* Este modelo está formado por tres dimensiones: *dimensión formal*, que recoge el "para qué" de la empresa en términos cualitativos, *dimensión dinámica*, relacionada con el "para qué" de la empresa en términos cuantitativos, y *dimensión motora*, que contempla el "para qué" de la empresa desde la perspectiva de las motivaciones prosociales de los miembros de la organización. En nuestra opinión, este modelo recoge lo que debe entenderse como el esquema mínimo conceptual de la misión y presenta un modelo base sobre el que desarrollar las principales recomendaciones establecidas en la primera y segunda parte de esta tesis. Para cada una de las tres dimensiones de nuestro modelo, explicaremos sus fundamentos teóricos, las dificultades para su implementación y propuestas metodológicas para su desarrollo.

CONSIDERACIONES METODOLÓGICAS:

Antes de comenzar con la exposición de nuestro trabajo, queremos hacer dos consideraciones previas.

La primera hace referencia a lo que en esta tesis llamaremos la "literatura existente" sobre la misión en la empresa. El tema de la misión, por su propia naturaleza, relevancia e implicación en los distintos ámbitos del management (estratégico, organizativo, RRHH, ética,...), ha sido tratado por multitud de autores. De hecho, no debe ser fácil encontrar autores de management que, de una u otra forma, no hayan hecho alguna referencia, más o menos extensa, a la misión de la empresa. Ahora bien, cuando nosotros hablemos aquí de la "literatura existente" sobre el tema de la misión, no nos referimos a todas las publicaciones que hablan sobre la misión de la empresa, sino solo a aquellas en las que la misión es el tema central.

La segunda consideración está relacionada con la teoría de la organización de Juan Antonio Pérez López (1993), ya que, según lo que acabamos de decir, esta obra, por no referirse a la misión como tema central, debería quedar fuera de nuestro estudio. En efecto esta teoría queda fuera de lo que podríamos considerar la literatura de la misión, puesto que sus desarrollos están centrados en la organización y la dirección de empresas –no en la misión-. De hecho, en las principales investigaciones sobre la misión de las últimas dos décadas, no hemos encontrado autores que hagan referencia a esta obra. Sin embargo utilizamos esta teoría como referencia para analizar de forma crítica el marco teórico de la misión, ya que, aun no siendo su tema central de estudio, ofrece una propuesta original de misión que, en nuestra opinión, encierra las claves conceptuales para explicar, al menos en parte, el fracaso de la misión en el mundo empresarial y cómo establecer posibles soluciones al mismo.

INVESTIGACIÓN FUTURA:

La presente tesis ofrece dos líneas de investigación futura. La primera consiste en la investigación sobre el modelo tridimensional de misión, analizando aspectos como la relación entre las distintas dimensiones entre sí, o la relación entre el modelo tridimensional y otros elementos del management cercanos al concepto "misión": la visión, los valores y la estrategia empresarial. La segunda línea de investigación está relacionada con la aplicación práctica del modelo tridimensional, ampliando las metodologías existentes -centradas fundamentalmente en la dimensión formal de la misión- con el desarrollo conjunto de sus tres dimensiones.

AGRADECIMIENTOS:

Queremos agradecer a todas las personas e instituciones que con su ayuda en unos casos, y con sus críticas y valiosas sugerencias en otros, han hecho posible la conclusión de este trabajo. En concreto manifestamos nuestro más sincero agradecimiento a los Doctores Miquel Bastons, Carlos Rey González (mi padre), Pablo Cardona, Toni Mora y Diogo Zanata, así como a la Universidad Internacional de Cataluña, a los profesores del Master en Investigación en Ciencias Sociales, y todas las personas que han colaborado en el estudio "La cultura empresarial" del Centro de Investigación de Organizaciones del IESE

(IRCO). Finalmente, a mi mujer, Inés, por haberme apoyado siempre con tanta paciencia y cariño…

PARTE I:

ESTADO DE LA CUESTIÓN

Análisis crítico de la teoría y práctica de la misión

Esta primera parte de nuestra investigación está dividida en tres capítulos. En el primero vamos a ver en qué consiste la misión de la empresa, cuáles son las principales atribuciones teóricas que se le otorgan a su significado y contenido, y las diferentes recomendaciones prácticas que, según diferentes autores, se deben seguir para definir e implementar una misión de manera efectiva. En el segundo capítulo, pasaremos a revisar el estado de la misión en la práctica analizando la forma en que la misión ha ido expandiéndose en el mundo empresarial, sus principales deficiencias y las condiciones que deben darse para el desarrollo de una misión efectiva. Desde este análisis, expondremos un conjunto de recomendaciones prácticas para el mejor desarrollo de una misión efectiva. En el tercer capítulo vamos a realizar un análisis crítico del marco teórico de la misión utilizando como marco de referencia la teoría de la organización de Juan Antonio Pérez López. Como conclusión de este análisis, propondremos la necesidad de re-definir el concepto "misión", incluyendo en el mismo el desarrollo de las motivaciones trascendentes –o prosociales- de los miembros de la empresa.

CAPÍTULO 1.- LA MISIÓN: TEORÍA Y PRÁCTICA

La misión, del latín *missio*, es un concepto que existe desde los primeros tiempos de la humanidad. Probablemente una de las primeras declaraciones de misión está recogida en el Génesis, con el mandato de *creced y multiplicaos*... (Abrahams, 1995, 7). En la literatura del management, el uso del término misión aparece en los años 70' del siglo pasado[1], si bien, existen varios ejemplos de lo que se entiende por misión -comúnmente presentada también bajo otros términos como credo, propósito, filosofía, principios, etc...- a lo largo de todo el siglo XX[2].

En el mundo de la empresa, la misión es entendida comúnmente como el "para qué", la razón de ser de la organización. La cuestión de la misión se sitúa en un plano trascendente: plantear la misión de la empresa es equivalente a la pregunta que un individuo puede hacerse acerca de la razón de su propia existencia (Campbell y Nash, 1992, 14-27). La importancia de tener una misión definida y compartida por todos los miembros de la empresa ha sido defendida por diversos autores y ratificada por expertos de la mayoría de las disciplinas del management.

Las principales aportaciones y desarrollos sobre la misión de la empresa se realizan durante las décadas de los 70', 80' y 90' desde diferentes enfoques, la mayoría de ellos complementarios entre sí, aunque con algunas diferencias tanto en el fondo como en el contenido. En estos enfoques, la misión es comúnmente contemplada como el "para qué" de la empresa si bien podemos encontrar tres formas distintas de entender este concepto:

---

[1] En la exposición del texto, para expresar una determinada década del siglo XX utilizaremos el número seguido de apóstrofe, dejando implícito que se trata del siglo XX. En caso de referirnos a una década de algún otro siglo distinto al XX, se especificaría en cada ocasión.

[2] En la práctica del management existe una gran variedad de términos que se han utilizado de forma alternativa al término misión. Abrahams (1995, 13), en su revisión de 301 misiones corporativas recoge una larga lista: "Visión, Filosofía de Negocio, Objetivos, Valores, Estrategia, Tácticas, Propósito, Promesa, Creencias, Estándares de conducta, Código Ético, Idea, Líneas directrices, Dirección, Foco, Compromiso, Política, Disciplina, Credo".

- La primera es la definición de misión como respuesta a *¿cuál es nuestro negocio?* enfocada bajo la perspectiva del valor que la empresa aporta al cliente.

- La segunda forma de entender la misión propone un significado más amplio que incluye, además del valor aportado al cliente, la contribución que la empresa realiza a otros stakeholders[3] como, por ejemplo, los accionistas, los empleados o la sociedad.

- La tercera forma de entender la misión consiste en un amplio conjunto de elementos donde, además de la aportación a determinados stakeholders, se incluyen también otras cuestiones como, por ejemplo, los valores, la filosofía de compañía o la estrategia[4].

Estas tres formas de entender la misión de la empresa son complementarias. La primera establece el núcleo del concepto misión y las otras dos amplían sucesivamente su contenido (ver figura 1).

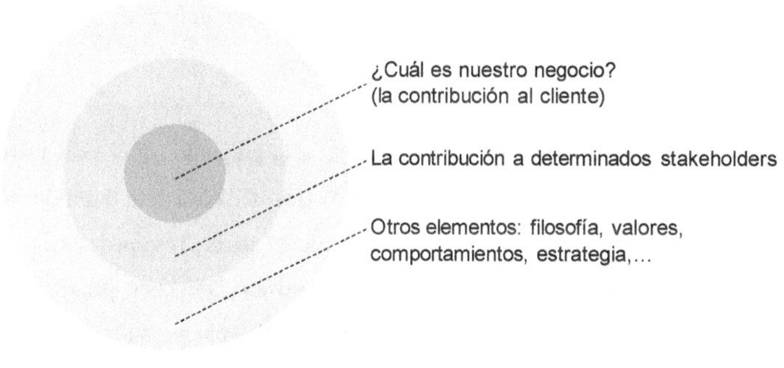

Figura 1. El contenido de la misión

[3] Sobre el concepto de stakeholders ver Freeman y Reed (1983, 88-106).
[4] Existen también algunas formas de entender la misión que no se verían reflejadas en las tres perspectivas expuestas y que no hacen referencia al "para qué" de la empresa sino a un concepto más operativo. Ver por ejemplo, Covin *et* al.. (1994) o Rangan (2004).

En este primer apartado, vamos a ver en qué consisten estas tres formas de entender la misión, cuáles son las principales discusiones abiertas que, a día de hoy, existen sobre esta cuestión y algunas de las principales recomendaciones sobre cómo definir e implementar una misión de manera efectiva.

1.1.- ¿Cuál es nuestro negocio?

La primera forma de entender una misión es la que define el concepto como la esencia del negocio, aquello que caracteriza su identidad primordialmente y que suele ir más allá de la fabricación de un determinado producto o la prestación de un determinado servicio. Una empresa que fabrica, gafas, por ejemplo, podría encontrar su misión en cuestiones como "la salud óptica" o "mejorar la capacidad visual de la gente". Una empresa que fabrica productos de cosmética, podría tener por misión "fomentar la belleza de la mujer" o "ayudar a su autoestima". Una empresa productora de lácteos podría definir su misión como "contribuir a una sana alimentación de las personas". Bajo esta perspectiva, una misión es la concreción, normalmente mediante una frase breve, del ámbito de actividad de la empresa en términos del valor que aporta a sus clientes. En definitiva se trata de contestar a la pregunta: ¿cuál es nuestro negocio?

El concepto de misión definido como la respuesta a la pregunta ¿cuál es nuestro negocio? tiene su origen en Peter Drucker (1974) que dedicó a esta cuestión un capítulo entero de su conocido libro "Management: tasks, responsibilities & practices". Como ejemplo de este concepto de misión, Drucker presenta la afirmación de Theodore N. Vail, de la American Telephone and Telegraph Company, acerca de lo que era la esencia de su negocio. Vail, no hizo referencia a la red de telefonía o a la transmisión de información. Vail dijo simplemente: *nuestro negocio es el servicio*. Una afirmación de este tipo puede sonar obvia una vez se dice pero, realmente, es fruto de un conocimiento profundo de la empresa y tiene múltiples implicaciones como son, por ejemplo, la satisfacción del cliente, la investigación, el liderazgo tecnológico, la innovación,... (Drucker, 1974, 77).

Para Drucker, la importancia de la misión radica en que ésta da una orientación a la empresa acerca diferentes aspectos como, por ejemplo, las estrategias a definir, los objetivos o la elección de qué productos fabricar o abandonar. Cuando la empresa no tiene una misión definida, o tiene una misión inadecuada, corre el riesgo de fracasar. La definición de la misión es la primera prioridad de la alta dirección y conlleva a una reflexión fundamental para el adecuado funcionamiento de la compañía. Sólo con una clara definición de misión y propósito del negocio es posible establecer unos objetivos de negocio claros y realistas. Sin embargo, la definición de la misión no siempre es fácil, pues requiere vencer las "discrepancias internas" que, sobre esta cuestión, pueden existir en el seno de la dirección.
Una definición similar a la de Drucker sobre lo que es una misión, es la que realiza Henry Mintzberg a finales de los 70' en su obra de gran popularidad "The structuring of organizations". Para Mintzberg (1984), la misión es el conjunto de los productos y servicios básicos que la empresa realiza siendo los directivos superiores los que deben buscar las formas más efectivas de realizar la misión o cambiarla cuando sea necesario.

En esta misma línea, podemos encontrar también la propuesta de McGowan (1986) que considera la misión como la respuesta a la cuestión ¿cuál es nuestro negocio realmente? Al igual que Drucker o Mintzberg, McGowan afirma que la cuestión de la misión no es siempre evidente y que es de crucial importancia acertar con la definición adecuada. A este respecto, McGowan (1986, 59-60) presenta dos tipos de misiones incorrectas: misiones demasiado estrechas y misiones demasiado amplias. Las primeras, misiones demasiado estrechas, surgen cuando la empresa define la misión centrándose exclusivamente en el producto y no en el cliente. Como ejemplo, cita el caso enunciado por Levitt (1960) sobre el fracaso de las empresas del sector del ferrocarril en la primera mitad del siglo XX.

El problema de estas empresas radicaba en que tenían una misión centradas en su producto, el transporte en ferrocarril, y como consecuencia, vieron limitado su crecimiento a medida que los usuarios del ferrocarril se decantaban por medios de trasporte alternativos. Este problema se hubiera solucionado si las empresas del sector del ferrocarril hubieran diversificado su actividad introduciéndose, por ejemplo, en el transporte por carretera. Pero para ello era necesario que estas compañías hubieran visto su misión de forma amplia como, por ejemplo, "el transporte de mercancías y personas" y no exclusivamente centrándose en el trasporte en ferrocarril. El segundo tipo de misiones –misiones demasiado amplias- surge, por ejemplo, en los conglomerados empresariales donde la misión puede llegar a no tener un significado específico, o ser inexistente. Este sería el caso de, por ejemplo, empresas que "fabrican maletas al tiempo que yogures".

Ambos extremos, misiones demasiado estrechas o demasiado amplias, son presentados como misiones incorrectas. Cada empresa debe saber encontrar su misión en un término medio que permita definir su identidad de manera precisa pero que, a su vez, no limite a la empresa en sus posibilidades de crecimiento y adaptación a las necesidades del mercado.

En la práctica, existe una gran cantidad de empresas que definen su misión bajo el concepto de "cuál es nuestro negocio", en algunos casos de forma amplia y, en otros, de forma más estrecha. Por lo general, este tipo de misiones se caracterizan por ser breves -incluso de hasta tres o cuatro palabras- y suelen centrarse en el valor añadido que la empresa aporta a sus clientes. Como misiones estrechas, podemos ver, por ejemplo, la de Avis Rent a Car, que describe los atributos esenciales de su servicio: "Asegurar una experiencia de alquiler tranquila, proporcionando vehículos seguros y fiables y servicios especiales diseñados para ganar la satisfacción de los clientes"[5].

[5] Fuente: Abrahams (1995,79).

Como ejemplo de misiones más amplias podemos ver la misión de la compañía farmacéutica Bristol Myers Skibb. Más allá de describir los atributos esenciales de sus productos, define su misión como el beneficio último que sus clientes obtienen de ellos: "Mejorar y prolongar la vida humana"[6]. Otro ejemplo lo podemos ver en la multinacional Nissan, que no se limita al automóvil, ni siquiera a la movilidad, sino que define su misión de una forma altamente genérica: "Enriquecer la vida de las personas"[7].

1.2.- La contribución a determinados stakeholders

La segunda forma de entender la misión es la que defiende que, además del valor aportado al cliente, la misión debe recoger la contribución a otros stakeholders como, por ejemplo, empleados, accionistas, proveedores, comunidad,... Al igual que en la perspectiva anterior, la misión es el "para qué" de la empresa, la esencia de la actividad de la organización, pero la respuesta a esta cuestión se amplía considerando también otros agentes sociales. Bajo esta segunda perspectiva, la misión ya no aparece como una frase breve, sino que, por lo general, posee varias frases o declaraciones dedicadas específicamente a cada uno de los stakeholders que la empresa identifica como claves para el éxito de la compañía.

La recomendación de enfocar la misión considerando varios stakeholders puede verse ya a inicios de la década de los 80'. Pearce (1982, 22) afirma que la misión, entendida como la "declaración estable del propósito que distingue a la empresa de otras similares", debe contemplar la relación de la empresa con lo que él llama "clamaints" internos y externos de la organización. Los "claimants" internos serían los accionistas y empleados. Los externos corresponderían a los clientes, los proveedores, el gobierno, los competidores o el público en general. En la elaboración de la misión, los encargados de su realización deben (1) identificar los

[6] Fuente: web corporativa (14 de Julio de 2009).
[7] Fuente: web corporativa (14 de Julio de 2009).

principales “claimants” que determinan el éxito de la empresa, (2) entender las demandas vis-à-vis, (3) priorizar las necesidades y (4) coordinarlas con los otros elementos de la misión.

Un conocido ejemplo de esta forma de entender la misión, que tiene su origen incluso antes de que el término misión apareciera en la literatura del management, es el ejercicio realizado por R.W. Johnson, en 1943, cuando escribió *El Credo* de Johnson & Johnson (J&J), el cual perdura hasta nuestros días[8].

---

[8] El credo de Johnson & Johnson: fuente, web corporativa (14 de agosto de 2009).

Creemos que nuestra primera responsabilidad es con los médicos, enfermeras y pacientes, con las madres y padres y todos los demás que utilizan nuestros productos y servicios. Para responder a sus necesidades, todo lo que hagamos debe ser de primera calidad. Debemos luchar constantemente por reducir nuestros costos a fin de mantener precios razonables. Los pedidos de los clientes deben ser atendidos rápidamente y con precisión. Nuestros proveedores y distribuidores deben tener la oportunidad de conseguir un beneficio justo.

Somos responsables ante nuestros empleados, los hombres y mujeres que trabajan en todo el mundo. Cada uno de ellos debe ser considerado como persona. Hemos de respetar su dignidad y reconocer su mérito. Deben tener un sentido de seguridad en su trabajo. La retribución tiene que ser justa y adecuada, y las condiciones de trabajo limpias, ordenadas y seguras. Debemos estar conscientes de brindar diversas formas de ayuda a nuestros empleados en el desempeño de sus responsabilidades familiares.
Los empleados deben sentirse libres para presentar sugerencias y quejas. Ha de haber igualdad de oportunidades para el empleo, desarrollo y avance de los calificados. Debemos proporcionar una gerencia competente, y sus acciones han de ser justas y éticas.

Somos responsables ante las comunidades en las que vivimos y trabajamos e igualmente ante la comunidad mundial. Debemos ser buenos ciudadanos - apoyar las obras buenas y caritativas y cargar con nuestra participación justa en los impuestos. Debemos fomentar el avance cívico y una mejor sanidad y educación. Debemos mantener en buen estado los bienes que tenemos el privilegio de usar, protegiendo el ambiente y los recursos naturales.

Nuestra responsabilidad final es con nuestros accionistas. La empresa debe conseguir un beneficio justo. Debemos experimentar con nuevas ideas. Ha de protegerse la investigación, desarrollarse programas innovadores y pagar por los errores cometidos. Se debe comprar nuevo equipo, proporcionar nuevas instalaciones y lanzar nuevos productos. Han de crearse reservas para proveer en tiempos adversos. Si actuamos siguiendo estos principios, los accionistas conseguirán un beneficio justo.

Johnson no utilizó específicamente el término misión pero, por el contenido de lo él que llamó Credo, se puede afirmar que se ajusta a la definición de misión que presentamos en este apartado. En J&J, cuarenta años más tarde de la definición del credo, Jim Burke, CEO de la compañía, afirmaba dedicar cerca del 40% de su tiempo a promover estos principios entre los miembros de la organización. En la actualidad, el credo de las responsabilidades con los clientes, empleados, directivos, comunidad y accionistas, sigue estando vigente y la empresa realiza numerosos esfuerzos para fortalecer y perpetuar este legado (Jones & Kahaner, 1995, 135).

Esta forma de entender la misión como "la contribución a un conjunto de stakeholders" -y no exclusivamente el cliente-, puede verse en numerosos autores como, por ejemplo, Want (1986, 50), David (1989, 90), Senge (1998, 17) o Bartkus & Glassman (2007, 208) y, en la actualidad, podríamos decir que es la más representativa de lo que comúnmente se entiende por la misión de la empresa.

La contribución a los clientes

La contribución de la empresa a sus clientes, que como acabamos de ver es el elemento más frecuente en las declaraciones de misión, puede estar definida de muy diversas formas. Empresas de sectores muy diferentes pueden hablar en términos parecidos mientras que otras del mismo sector, incluso de la misma actividad, pueden entender su contribución a los clientes en términos muy distintos. Se exponen a continuación, a modo de ejemplo, algunos extractos de cómo diferentes empresas se refieren al cliente en sus misiones corporativas:

- Buscar la satisfacción del cliente (Siemens)[9]
- Satisfacción de los clientes presentes y futuros (Goodyear) [10]
- Cuidar a los clientes con exquisita atención (Leche Pascual) [11]
- Formación e información de nuestros clientes (Planeta) [12]
- Atender los intereses de los clientes (OHL) [13]
- Comprender las oportunidades y necesidades de los clientes (Ericsson) [14]
- Nosotros valoramos a nuestros clientes,.../... sin los cuales no existiría nuestra empresa (Pepsico, Inc.)[15]
- Satisfacer a nuestros clientes, que consiguen beneficio vendiendo nuestros productos (Coca-Cola) [16]

La contribución a los accionistas

La contribución a los accionistas, es otra de las cuestiones que suele estar presente en una gran cantidad de misiones corporativas. En muchas de ellas, el accionista es nombrado de forma directa, como por ejemplo, en American Airlines: "producir retornos consistentes para nuestros accionistas"[17]. En otras, como la misión de Enterprise Rent A Car, se recoge la contribución al accionista de manera indirecta "...el éxito en la satisfacción del cliente y la motivación del empleado nos traerá crecimiento y beneficios a largo plazo". [18]

Además de la creación de valor o el beneficio, existen algunos aspectos, como la transparencia en la gestión, el control del riesgo o el buen gobierno corporativo,

[9] Fuente: web corporativa (15 de julio de 2009).
[10] Fuente: web corporativa (15 de julio de 2009).
[11] Fuente: web corporativa (15 de julio de 2009).
[12] Fuente: web corporativa (15 de julio de 2009).
[13] Fuente: web corporativa (15 de julio de 2009).
[14] Fuente: web corporativa (15 de julio de 2009).
[15] Fuente: Abrahams (1995, 340).
[16] Fuente: Abrahams (1995, 132).
[17] Fuente: Haschack (1998, 39).
[18] Fuente: Haschack (1998, 340).

que también pueden estar reflejados en la misión como contribución al accionista. Un ejemplo puede verse en la misión de Exxon: "...proveer a los accionistas inversiones seguras..."[19].

Sin embargo, no todas las empresas incluyen al accionista como parte de la misión. Este es el caso de, por ejemplo, la compañía Hallmark Cards Inc, que entiende el beneficio como un medio y, no como parte de la misión: "Nosotros creemos que los resultados financieros son algo imprescindible, no como un fin en sí mismo, sino como un medio para dar cumplimiento a nuestra misión"[20].

Otro caso destacable, más por su peculiaridad que por su frecuencia, es la existencia de misiones que van dirigidas única y exclusivamente al accionista. Este es el caso, por ejemplo, de la empresa Quanex Corp. que recoge en su misión una única frase: "Proveer a los accionistas un retorno por encima de la media mediante el crecimiento en dividendos y el precio por acción" [21], o de Federal-Mogul que afirma que su misión es "maximizar el valor para el accionista como principal prioridad del consejo y directivos de la empresa" [22].

Los empleados

La inclusión de los empleados en la misión es una práctica común en un gran número de empresas. Esto es defendido por varios autores, como por ejemplo Pfeffer (1998) que demostró, con números y casos reales, que la estrategia más adecuada para una empresa es "poner la gente lo primero" (*put people first*). La contribución de la empresa a sus empleados, puede presentarse en las misiones de diversas formas tales como:

---

[19] Fuente: Haschack (1998, 346).
[20] Fuente: Murphy (1998,104).
[21] Fuente: Haschack (1998, 251).
[22] Fuente: Haschack (1998, 257).

- Oportunidades de crecimiento y desarrollo para los empleados (Levi Strauss) [23]
- La satisfacción de los empleados (Caterpillar Inc.) [24]
- Confianza y respeto por la gente (Hewlett-Packard) [25]
- Igualdad de oportunidades en el empleo y en la práctica de las promociones (TRW) [26]
- Tratar a los empleados con respeto y dignidad (American Express) [27]
- Actuar de forma responsable con los empleados (Coca-Cola) [28]
- Ser responsables con los empleados y con sus familias (Merck) [29]

Ahora bien, al igual que ocurre con los accionistas, existe un considerable número de empresas que no incluyen a sus empleados en sus declaraciones de misión. Esto puede ser debido a que estas empresas no consideran al stakeholder empleado suficientemente relevante como para ser incluido en su misión. Otro motivo puede ser que, tal como veíamos en el apartado anterior, existe una línea temprana de pensamiento que no considera al empleado como base de la misión, sino que se focaliza exclusivamente en el cliente.

La contribución a la sociedad

A día de hoy, la presencia del stakeholder sociedad en las misiones corporativas es más frecuente que, por ejemplo, hace 10 o 20 años (Williams, 2008). Esta tendencia a una mayor inclusión de la sociedad como parte de la misión viene impulsada por la creciente conciencia e importancia que la responsabilidad social

[23] Fuente: Abrahams (1995, 282).
[24] Fuente: Abrahams (1995, 107).
[25] Fuente: Abrahams (1995, 228).
[26] Fuente: Abrahams (1995, 423).
[27] Fuente: Abrahams (1995, 58).
[28] Fuente: Abrahams (1995, 132).
[29] Fuente: Abrahams (1995, 300).

corporativa está teniendo en las últimas décadas. Algunas misiones se refieren a la sociedad en general y otras utilizan otros términos similares como, por ejemplo, la comunidad o los lugares donde la empresa realiza su actividad. Así vemos:

- Atender las necesidades de la sociedad (Gas Natural)[30]
- ...iniciar modos innovadores de mejorar la calidad de vida de la extensa comunidad local, nacional e internacional (Ben & Jerry's) [31]
- ...[atender] las comunidades en las cuales operamos a lo largo del mundo (Pzifer)[32]

Otros stakeholders

Además de los cuatro stakeholders mencionados, existen multitud de ejemplos de misiones que hacen referencia a otros stakeholders como son: los proveedores, los poderes públicos, la comunidad, la competencia, socios, etc...

Un ejemplo de misión que recoge a otros stakeholders además de clientes, empleados, accionistas y sociedad –en este caso proveedores y socios-, es el ejercicio realizado por la petrolera Repsol[33]:

- Compromiso con nuestros socios y proveedores: Establecer relaciones inspiradas en la aportación recíproca y el respeto mutuo con socios y proveedores, y sobre todo, basadas en la confianza y la calidad de los productos y servicios

---

[30] Fuente: Web corporativa (21 julio de 2009).
[31] Fuente: Abrahams (1995, 95).
[32] Fuente: Abrahams (1995, 343).
[33] Fuente: Web corporativa (16 de julio de 2009).

1.3.- La misión como un conjunto amplio de elementos

La tercera forma de entender una misión es la que recoge las dos perspectivas anteriores pero, además, considera también, como parte de la misión, algunos otros aspectos que suelen estar presentes en las declaraciones corporativas de las empresas. Esta forma de entender la misión está defendida por varios autores que, por lo general, contemplan la misión como la esencia del negocio y la contribución a determinados stakeholders, pero incluyen también en la misión otros elementos como: "los valores", "la filosofía de la compañía", "la tecnología empleada" o "la estrategia".

En esta línea, Pearce (1982, 15-22), que veíamos anteriormente como impulsor del concepto de misión como contribución a determinados stakeholders, establece también que la misión está formada comúnmente por cinco elementos fundamentales:

- ➔ Productos o servicios, mercado y tecnología
- ➔ Objetivos de supervivencia, crecimiento y rentabilidad
- ➔ La filosofía de compañía
- ➔ El Auto-concepto de la empresa
- ➔ La imagen pública deseada (o imagen social)

Otra aportación de la misma década, que sigue una línea similar, es la realizada por Want (1986, 50). Want también recoge la necesidad de considerar en la misión la contribución a determinados agentes sociales -clientes, empleados, competidores, agencias regulatorias y el público en general- y, a su vez, propone estructurar la misión en cinco elementos clave:

- → Propósito o *razón se ser*
- → Identidad corporativa
- → Objetivos primarios
- → Valores
- → Políticas de la compañía

Junto a estas definiciones de Pearce y Want, existen también otras de la misma época que, en mayor o menor medida, mantienen una línea similar destacando algunos de los elementos citados o añadiendo algunos nuevos como "la visión" o "la política social" (David, 1989, 90).

Un ejemplo de misión que se ajusta a esta tercera perspectiva, lo podemos encontrar en el ejercicio realizado por Tom Watson, hijo del fundador de IBM, cuando escribió, en 1962, los Basic Beliefs de la compañía. Como puede verse a continuación, esta declaración de misión recoge, además de la contribución a clientes, accionistas y empleados, otras cuestiones relacionadas con la identidad, la filosofía de la empresa, políticas corporativas y valores:

- El mercado es la principal fuerza que está detrás de todo lo que hacemos.
- En esencia, somos una compañía de tecnología con un alto compromiso con la calidad.
- Nuestras principales medidas del éxito son la satisfacción del cliente y el valor para el accionista.
- Operamos como una organización empresarial con la mínima burocracia y un continuo foco en la productividad.
- Nunca perdemos el foco en nuestra visión estratégica.
- Sentimos y actuamos con sentido de urgencia.
- Personas dedicadas y comprometidas son las que hacen posible las cosas, especialmente cuando trabajan juntas como equipo.
- Somos sensibles a las necesidades de nuestros empleados y las comunidades en las que actuamos.

- Nuestras creencias básicas son: respeto por el individuo, ser el mejor del mundo en el servicio al cliente y ejecutar las tareas con la idea de que pueden ser realizadas de modo excelente[34].

Bajo esta tercera perspectiva, que considera la misión como un amplio conjunto de elementos, uno de los principales desarrollos de principios de los 90', que llegó a tener una gran difusión, es el modelo Ashridge o "The Ashridge Mission Model", de Campbell y Nash (1992, 14-27). Para estos autores, una misión está formada por cuatro elementos:

- Propósito: la contribución a la sociedad o a determinados stakeholders
- Estrategia: la posición competitiva y la competencia distintiva
- Valores: las creencias de la compañía
- Estándares y comportamientos: las políticas y patrones de comportamiento que soportan la competencia distintiva y el sistema de valores

El modelo Ashridge está representado en forma de diamante, situando el "propósito" como elemento principal y los "estándares y comportamientos" como la base que soporta a los otros dos elementos, estrategia y valores (ver figura 2). Este modelo recoge algunos de los elementos definidos por Pearce y Want, pero introduce uno nuevo: "la estrategia", como parte de la misión. Una propuesta que puede verse también en otros autores de su época como Ireland & Hitt (1992, 34-
42)[35].

[34] Fuente: Jones & Kahaner (1995, 135).

[35] Hay que destacar que la propuesta de incluir la estrategia como parte de la misión, no es común en autores anteriores a Campbell. Por lo general, las principales aportaciones previas al modelo Ashridge, suelen hacer referencia a la estrategia como algo distinto a la misión (p.ej. Drucker, 1974, 75). En la práctica de nuestros días, no suele ser común incluir la estrategia en la misión. Véase, por ejemplo el estudio de Bart, donde identifica que tan sólo un 34,2% de las empresas incluyen la estrategia competitiva como parte la misión (Bart, 1997, 15).

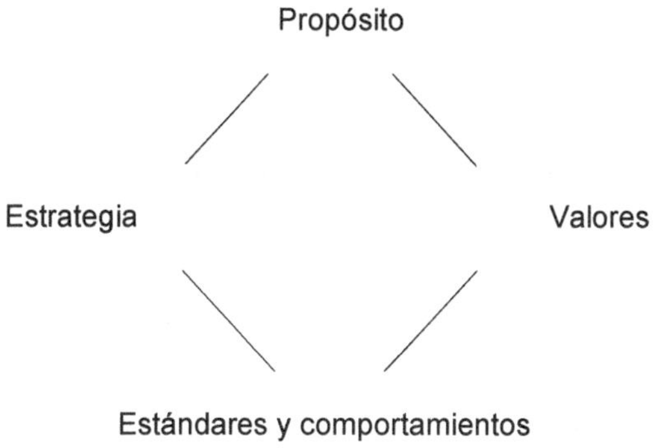

Figura 2: The Ashridge Mission Model

La importancia del modelo Ashridge es que, especialmente durante la década de los 90', fue reconocido por varios expertos y *practitioners* como base para la definición de la misión. Además de elaborar este modelo, Campbell y Nash pusieron de manifiesto que lo fundamental no es tener una misión publicada, sino el que la misión esté realmente presente en el actuar y sentir de las personas de la organización generando en los empleados "sentido de misión" (cuestión sobre la que profundizaremos más adelante).

La perspectiva de misión que hemos mostrado en este apartado y que recoge en su contenido un amplio número de elementos, es la más frecuente en la literatura de los años 80' y 90'. Sin embargo, existen varias líneas de pensamiento que, como veremos a continuación, defienden que la misión no debe abarcar un contenido tan amplio de elementos y que algunos de éstos no deben ser entendidos como parte de la misión.

1.4.- Discusiones abiertas en torno a la misión y su contenido

En los apartados anteriores, hemos visto como la misión, considerada en las tres perspectivas expuestas, puede llegar a incluir una gran cantidad de elementos, como son: la esencia del negocio, el valor aportado a determinados stakeholders, los valores, la tecnología empleada, el ámbito geográfico, la estrategia, la visión, la filosofía de compañía, el autoconcepto, la identidad corporativa, el compromiso de supervivencia, los principales objetivos, las políticas corporativas, estándares de comportamiento,... En suma, esto nos llevaría a considerar la misión como un concepto "paraguas" que aglutina una larga lista de posibles componentes.

Frente a esta situación, no han faltado quienes, especialmente desde los años 90' hasta nuestros días, han llamado la atención sobre la necesidad de no incluir, o diferenciar de la misión, algunos de los elementos citados. Muchas de estas aportaciones son líneas de discusión que se mueven en un plano fundamentalmente teórico y la mayoría de ellas siguen abiertas en la actualidad. La dificultad principal para la resolución de estos conflictos es que el fundamento del concepto misión -el "para qué" de la empresa- es una cuestión de una enorme amplitud que deja un extenso margen para la discusión. De hecho, uno de los aspectos más interesantes sobre las declaraciones de misión es el escaso acuerdo que existe sobre su propósito y contenido (Bartkus *et* al.., 2000, 23).

De entre estas discusiones, destacamos dos principales: a) la distinción entre la misión y la visión como dos conceptos de distinta naturaleza, y b) la distinción entre la misión y los valores como conceptos de naturaleza complementaria pero de distinto contenido[36].

[36] Nuestra opinión sobre estas dos cuestiones será expuesta en el siguiente capítulo. Nos limitamos, por tanto, a exponer aquí las principales opiniones de distintos autores sobre ambas cuestiones.

a) Misión y Visión

La visión, entendida comúnmente como la imagen de futuro que la empresa quiere lograr o alcanzar (Senge, 1998, 17), ha sido confundida con la misión de distintas formas, tanto en la literatura como en la práctica. En la literatura, misión y visión han sido relacionadas en diferentes sentidos:

- ➔ Definiendo la visión como parte de la misión, p.ej. David (1989, 90).
- ➔ Considerando la misión como parte de la visión, p.ej. Collins & Porras, (1996b, 67) o Tichy & Devanna (1986, 128).
- ➔ Usando los términos misión y visión de forma intercambiable, p.ej. Calfee & David (1993, 54), Bartkus *et* al.., (2000, 23) o Wright (2002, 44).

En la práctica, la integración de misión y visión, o su uso intercambiable, también está presente en muchas empresas. Un ejemplo puede verse en la declaración corporativa de la compañía Boeing: "Nuestra misión es ser la primera compañía aeroespacial en el mundo…"[37]. Otro ejemplo es el de la compañía Abertis, una de las principales empresas españolas de infraestructuras para la movilidad, que bajo el término "misión" recogen la imagen de éxito a alcanzar y bajo el término "visión" la esencia de su negocio y la contribución a determinados stakeholders. Así vemos:

Misión: "Ser un operador global de referencia en nuestro ámbito de infraestructuras"

Visión: "Dar respuestas a las necesidades de infraestructuras al servicio de la movilidad y las telecomunicaciones armonizando la satisfacción de nuestros clientes, accionistas y empleados con el desarrollo de la sociedad"[38].

[37] Fuente: Calfee (1993).
[38] Fuente: Web corporativa de Abertis (16 de Julio de 2009).

Sin embargo, la integración entre misión y visión o su uso intercambiable, ha sido rechazada por varios autores, aludiendo que ambos conceptos deben ser diferenciados uno del otro. Un claro ejemplo de recomendación en este sentido lo podemos ver en Senge (1998,17): "El primer obstáculo para entender una misión es el problema del lenguaje. Muchos directivos usan misión y visión de forma intercambiable, o piensan que las palabras -y las diferencias entre ellas- importan poco. Pero las palabras sí importan."[39]

Otros autores como, por ejemplo, Conger & Canungo (1988, 155), Campbell y Nash, (1992, 32), Bart & Baetz (1998, 824) o Sufi & Lyons (2003, 256), son defensores también de considerar "misión" y "visión" como dos conceptos claramente distintos. Para estos autores "misión" y "visión" no son términos equivalentes. La "misión" es el "para qué" de la organización en términos presentes y la "visión" es un objetivo de futuro a alcanzar y por tanto, ambos conceptos, son de distinta naturaleza[40].

Otro ejemplo de recomendación de no incluir la visión como parte de misión, puede verse en la afirmación de Cardona y Rey (2003): todas las misiones que están definidas de modo *posicional* como "ser la empresa número uno de tal sector", o "la empresa de referencia", o "la mejor", o "estar entre los 20 primeros de tal ranking", etc... son posicionamientos que pueden llegar a ser objetivos más o menos realistas o útiles para conseguir una misión, pero no son realmente la misión. La misión es la contribución que debe dar sentido a ese objetivo: *¿para qué* queremos ser el número uno en este sector?

[39] "The first obstacle to understanding mission is a problem of language. Many leaders use *mission* and *vision* interchangeably, or think that the words -- and the differences between them -- matter little. But words do matter" (Senge, 1998,17).
[40] Un caso similar es la confusión entre misión y el término Strategic Intent - acuñado por Hamel & Parahalad (1989,63-76)- que se refiere a lo que la empresa quiere conseguir en el futuro a largo plazo. La diferencia entre ambos conceptos también ha sido tratada por algunos autores como, por ejemplo, p.ej. Bart (1998, 825).

b) Misión y valores

Comúnmente, los valores son considerados como criterios de actuación que constituyen el elemento central de la cultura de una organización, entendiendo la cultura como determinadas creencias que han demostrado funcionar suficientemente bien como para ser consideradas válidas y, por tanto, deben ser enseñadas como la forma correcta de percibir, pensar y sentir (Schein, 1992, 12). Como veíamos anteriormente, varios autores, como por ejemplo Want (1986, 50) o Campbell & Nash, (1992, 14-27), incluyen los valores como uno de los elementos de la misión[41].

En la práctica, existen numerosos ejemplos de misiones que consideran los valores como parte de su misión. Un ejemplo, puede verse en la misión de Mondragón Corporación Cooperativa (MCC) que incluye, además de algunos aspectos relacionados con su historia y el compromiso con determinados stakeholders, los valores fundamentales de la compañía:

> "Mondragón Corporación Cooperativa (MCC) es una realidad socioeconómica de carácter empresarial con hondas raíces culturales en el País Vasco, creada por y para las personas, inspirada en los Principios Básicos de nuestra Experiencia Cooperativa, comprometida con el entorno, la mejora competitiva y la satisfacción del cliente, para generar riqueza en la sociedad mediante el desarrollo empresarial y la creación de empleo preferentemente cooperativo, que:

[41] Hay que destacar que, en el campo de los valores, también existe una tendencia similar que consiste en incluir la misión como parte de los valores. Esto es debido al frecuente uso de la distinción de Rokeack (1973) por la cual existen dos tipos de valores: valores finales y valores instrumentales. Los valores finales hacen referencia a los fines de la empresa o la "razón de ser" de la organización. Los valores instrumentales son aquellos que –no siendo fines en sí mismos- especifican la forma en que deben llevarse a cabo los valores finales. Según esta distinción, la misión estaría incluida dentro del concepto de valores finales (Hultman, 2005, 34). Una forma de entender la misión frecuente en diversos desarrollos del campo de valores (García y Dolan, 1997).

- Se sustenta en compromisos de **solidaridad** y utiliza **métodos democráticos** para su organización y dirección.
- Impulsa la **participación** y la **integración** de las personas en la gestión, resultados y propiedad de sus empresas, que desarrollan un proyecto común armonizador del progreso social, empresarial y personal.
- Promueve la **formación e innovación** desde el desarrollo de las capacidades humanas y tecnológicas, y aplica un Modelo de Gestión propio para alcanzar posiciones de liderazgo y fomentar la **Cooperación**."[42]

Sin embargo, existen autores como Anderson (1997, 37) o Dessler (1999, 59), que defienden que "misión" y "valores" son dos conceptos que deben ser diferenciados el uno del otro. La misión provee el foco con el que los empleados pueden comprometerse, mientras que los valores forman la ideología corporativa y proveen líneas directrices para el comportamiento (Dessler, 1999, 59). Para estos autores, ambos conceptos son de la misma naturaleza, pues designan la base de la identidad de la organización pero no son lo mismo. La misión es el "para qué" y los valores hacen referencia al "cómo" realizamos ese "para qué".

En la práctica, muchas empresas siguen esta recomendación y especifican su misión y sus valores en apartados diferenciados. Un ejemplo de misión y valores como dos conceptos separados lo podemos ver en la misión de Ford Motor Co. que centra el concepto de misión en la contribución a determinados stakeholders y, en otro apartado distinto, recoge su declaración de valores especificando que, tanto la misión como los valores, son los dos de igual importancia: "cómo realizamos la misión es tan importante como la misión en sí misma".

[42] Fuente: web corporativa (24 agosto de 2009).

"Nuestra misión es mejorar continuamente nuestros productos y servicios para satisfacer las necesidades de nuestros clientes, permitiéndonos prosperar como negocio y proporcionar un retorno razonable para nuestros accionistas, los propietarios del negocio."

En un epígrafe distinto de su declaración corporativa, Ford recoge su *declaración de valores* haciendo referencia a las personas, los productos y el beneficio.[43]

1.5 Recomendaciones para la implementación de la misión en la empresa

Hasta el momento, nos hemos centrado en la exposición de las diferentes aportaciones y discusiones sobre la misión que existen en la literatura, centrándonos fundamentalmente en la definición del concepto y su contenido. Ahora bien, existen también otras recomendaciones sobre otros aspectos relevantes como, por ejemplo, quién debe definir la misión de la empresa, que características debe tener una misión, recomendaciones para su implementación, etc... Sin ánimo de ser exhaustivos, vamos a ver a continuación algunas de estas principales recomendaciones.

Los responsables de la elaboración de la misión

Una decisión importante a tomar en la realización de una misión consiste en determinar los participantes involucrados en el proceso de definición de la misma. Cuando las personas han participado en el proceso de definición de la misión, la misión es más robusta y será más fácil que la acepten como suya y se identifiquen con ella. En primer lugar, la dirección de la empresa debe ser la primera involucrada (Ireland & Hitt, 1992, 40). Además de la dirección, la literatura

[43] Fuente: Haschak (1998, 155).

aconseja involucrar también a los mandos medios y empleados y a otros stakeholders como los clientes, los accionistas, sindicatos, proveedores,... De hecho, algunos estudios como el de Baetz y Bart (1996, 531), demuestran que existe una mayor satisfacción y aceptación de la misión cuanto mayor es el grado de agentes involucrados en la misma.

En la práctica, sin embargo, la mayoría de las empresas no suelen involucrar a un número de agentes tan amplio. Una representación de esta realidad la podemos encontrar en las investigaciones de Bart (1997, 16) sobre 88 empresas norteamericanas, que define el porcentaje de empresas en los que determinados stakeholders estuvieron involucrados en la definición de la misión:

CEO	87%
Alta dirección	92%
Consejo de administración	73%
Mandos medios	44%
Accionistas	26%
Clientes	20%
Proveedores	7%

En un estudio similar de Melé *et* al., (2000, 11) sobre las principales 500 empresas españolas podemos encontrar datos incluso más bajos en cuanto a los agentes involucrados en la definición de la misión. Los principales involucrados son la alta dirección (80%), en menor medida los mandos medios (25%), los empleados (12%) y tan sólo en un pequeño porcentaje otros grupos de interés de la empresa (5,3%).

La conveniencia de contar con asesoramiento externo

Tal como veíamos anteriormente, llegar a un acuerdo sobre la misión de la empresa no siempre es fácil y puede llegar a generar tensiones y discrepancias internas (Drucker, 1974, 78). Además, la definición de la misión, implica un cierto grado de riesgo pues, como también vimos con anterioridad, la elección de una misión incorrecta puede tener consecuencias severas en la empresa (McGowan, 1986, 60)[44]. Por éstos y otros motivos, varios autores como Jones y Kahaner (1995, 264) recomiendan contar con algún tipo de asesoramiento externo especializado en la materia que ayude a buscar el consenso y a plantear la cuestión de manera adecuada. Esta recomendación está fundamentada también en el hecho de que plantear una misión requiere la formulación de preguntas que la dirección no suele plantearse de manera habitual. De hecho, definir una misión, significa buscar la esencia y mirar la realidad desde un punto de vista que va más allá del plano puramente operativo y, en este sentido, contar con colaboradores externos puede ayudar a dar una "perspectiva fresca" que ayude a una mejor definición de la misión.

Esta recomendación, sin embargo, no es seguida por la mayoría de empresas. Por ejemplo, en el estudio de Bart (1997, 16), citado en el apartado anterior, puede verse cómo las empresas que optan por esta opción son tan sólo un 41%. En el estudio de Melé (2000,11) sobre las 500 principales empresas españolas, pueden verse incluso datos más bajos: un 21,3%.

[44] Otra aportación sobre esta cuestión puede verse en Grundy (1995).

La comunicación interna / externa de la misión

En varios autores, como, por ejemplo, Drucker (1974, 75) o Mintzberg (1984, 71), la misión aparece como una herramienta de alto valor añadido para guiar a los responsables de la estrategia de la compañía en la elaboración de los objetivos, estructuras, asignación de recursos etc... En estas afirmaciones, puede verse de forma clara que el primer destinatario de la misión debe ser la dirección de la empresa. También en diferentes autores se recoge que, además de los directivos, la misión debe estar dirigida a los empleados para generar en la organización lo que se conoce como "sentido de misión" (Want, 1986, 47). Todas estas propuestas otorgan a la misión un primer uso interno, es decir, la misión se realiza para ser comunicada internamente tanto a los directivos como al conjunto de empleados.

Junto a estas aportaciones, es también habitual la recomendación de comunicar externamente la misión para que ésta sea conocida y compartida también por otros agentes externos, como pueden ser los clientes, proveedores, las autoridades o el público en general. De hecho, por lo general, es habitual que la misión sea planteada como una declaración corporativa a comunicar tanto interna como externamente.

En la práctica, el uso más habitual de la misión es el interno, si bien existe un alto número de empresas que comunica la misión externamente (Stallworth, 2008, 105). Además, en cuanto a la comunicación de la misión, la recomendación más común es que ésta debe hacerse mediante un texto que se pueda transmitir con facilidad. Una misión de 20 páginas puede ser un buen ejercicio teórico pero no parece muy operativa a la hora de ser comunicada a la organización y otros agentes externos. Por este motivo, por lo general, los expertos recomiendan que la misión sea definida de forma breve y con unos términos que sean fácilmente comprensibles y comunicables. Algunos autores, como por ejemplo Campbell y

Nash (1992, 22), defienden incluso que las mejores declaraciones de misión son aquellas que pueden ser resumidas en un slogan o en una frase breve[45].

La validez de la misión en el tiempo

Por lo general, la misión de una empresa no debería cambiar mientras no existan causas que lo justifiquen –como, por ejemplo, una fusión, una venta o cambios significativos en el entorno- y, en cualquier caso, los cambios sobre la misión deberían limitarse a los estrictamente necesarios. Ahora bien, algunos autores se decantan por pensar que una misión no debe ser considerada como algo "escrito en piedra" y afirman que es conveniente realizar un ejercicio de revisión y actualización de la misma cada cierto periodo de tiempo. Peter Drucker (1974, 89), por ejemplo, afirma que rara vez una misión puede tener una esperanza de vida mayor a 30 o como mucho 50, años y, por lo general, la validez que podría esperarse de una misión está en torno a los diez años.

Además de la propia obsolescencia de la misión, otro motivo de revisión de la misma es el caso de la internacionalización o la expansión multinacional de la empresa. La conveniencia de revisar la misión bajo estas condiciones ha sido desarrollada extensamente por Pearce & Kendall (1988, 39-44) que afirman que, cuando una empresa desarrolla una proceso de expansión internacional, debe intentar adaptar su misión a las realidades y creencias de los diferentes países. Esto debe hacerse, o bien realizando adaptaciones de la misión cada país/región en particular, o bien modificando la misión de la compañía para adaptarla a la realidad multinacional de los diferentes países en los que opera.

[45] A modo anecdótico, hacemos referencia aquí a lo que se conoce como el T-shirt test, que defiende que la misión debería ser tan breve que pudiera ser escrita en el frontal de una camiseta.

El impacto de la misión en los empleados de la empresa

En el conjunto de la literatura existen varias referencias a la necesidad de que, para implementar con éxito una misión, es necesario que ésta tenga un verdadero impacto en las personas de la empresa. Probablemente las principales propuestas en este aspecto corresponden a Campbell & Nash (1992) quien puso de manifiesto que lo fundamental no es tener una misión definida y comunicada, sino que la misión esté realmente presente en el actuar y sentir de las personas de la organización generando en los empleados lo que llaman el "sentido de misión". Para conseguir este "sentido de misión", las empresas deben asegurar que existe un verdadero alineamiento entre los valores de la organización y los valores de las personas de la empresa ("fit" de valores). Para Campbell & Nash (1992, 29-31), en la medida que este "fit" es mayor, mayor es la conexión entre los empleados y la misión y su impacto real en sus actuaciones y decisiones diarias. De hecho, según Campbell, para que la misión sea efectiva, su publicación y comunicación debería hacerse cuando se ha conseguido un cierto grado de consistencia entre los valores organizativos y los valores de los miembros de la organización.

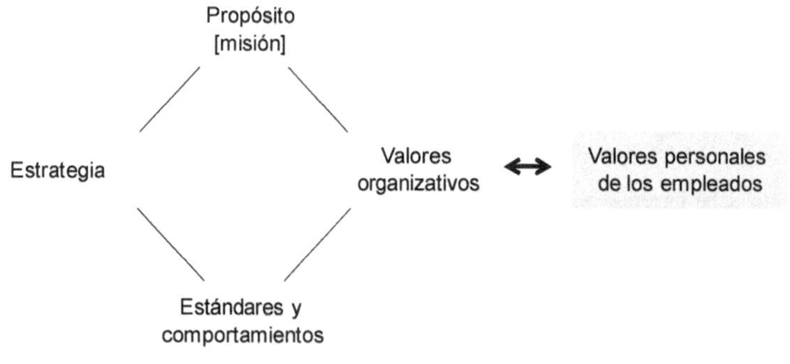

Figura 3. Conexión entre la misión y los empleados de la empresa a través de los valores (fuente: Campbell & Nash, 1992, 27)

A lo largo de este primer capítulo hemos visto las principales aportaciones existentes en la literatura sobre la misión y su contenido que pueden agruparse en tres formas de entender la misión: la misión como la respuesta a ¿cuál es nuestro negocio?, como la contribución a determinados stakeholders y como un conjunto amplio de elementos. A su vez, hemos visto las principales opiniones existentes acerca de las dos discusiones abiertas en torno a la misión y su contenido que son: la distinción entre la misión y la visión (términos que se utilizan a menudo de forma intercambiable), y la distinción entre misión y valores. Finalmente, hemos contextualizado estas aportaciones con varios ejemplos prácticos y recomendaciones de diversos autores para la definición e implementación de la misión en la práctica.

Vamos a ver, a continuación, cual es el impacto real que estas propuestas han tenido en la práctica que como veremos, en general[46], se caracteriza por una rápida expansión y una deficiente aplicación práctica.

[46] Dado que en esta investigación vamos a considerar estudios de diferentes países de los cinco continentes nos vamos a permitir hablar aquí y en adelante de la situación de las empresas "en general". Como es obvio, esta forma de hablar de las empresas "en general" no debe ser considerada en absoluto de forma rigurosa. De hecho, las fuentes que vamos a utilizar son, principalmente, estudios sobre empresas de USA, Canadá, Europa, Japón y Australia.

CAPÍTULO 2.- ANÁLISIS CRÍTICO DE LA MISIÓN EN LA PRÁCTICA

En la literatura del management, existen numerosos ejemplos de empresas que parecen regirse por una misión y permanecen fieles a ella. Este es el caso de empresas como, por ejemplo, Hewlett Packard, Jonhson & Jonhson o Ben & Jerry"s conocidas mundialmente por su misión y por su coherencia con la misma. El estudio de este tipo de empresas "coherentes" ha sido abarcado por varios autores como, por ejemplo, Peters y Waterman (1982) en su conocido libro "In search of excellence", Collins y Porras (1996a) en "Build to last" o los estudios de Jones y Kahaner (1995) que recopilaron 50 casos ejemplares de empresas de diferentes nacionalidades. Estos autores, mediante numerosas anécdotas y evidencias, demuestran que, efectivamente, existen casos de empresas que viven según la misión que han definido para sus organizaciones. En estas empresas, la misión aparece como una de las claves del éxito y un claro impulsor de unos resultados extraordinarios.

De hecho, diversos expertos de la misión como Pearce (1982, 249) o Want (1986, 47) la han presentado como una herramienta capaz de impactar positiva y significativamente en el funcionamiento de la empresa y en los resultados económicos. También existen numerosos testimonios de directivos de empresas como, por ejemplo, el de George (2001, 39-47), presidente de Medtronic -que pasó de un valor en bolsa de 1.000 a 70.000 millones en tan sólo 10 años-, que defienden la importancia de la misión y ven en ésta una clara impulsora de los beneficios y la creación de valor a largo plazo[47].

Frente a esta realidad, existen también numerosos ejemplos de empresas que muestran un alto grado de incongruencia entre lo que dicen que es su misión y lo que realmente practican en el día a día. Se trata de empresas que poseen una misión definida pero, en realidad, no parecen regirse por ella, ni se puede decir

[47] George (2001, 39-47) establece tres claves para la creación de valor sostenida: una empresa regida por una misión, una organización centrada en los valores y una estrategia adaptativa.

que la misión tenga ningún efecto sobre la organización, que impulse su éxito o que influya en sus resultados. Un ejemplo notorio de esta realidad, entre otros, es el caso de la compañía Enron, uno de los mayores escándalos de nuestro tiempo. Enron tenía una declaración de misión definida y comunicada de forma intensa, tanto a nivel interno como externo, sin embargo, por lo que realmente pudo verse tras su hundimiento, las prácticas de la corporación distaban mucho de los contenidos de su misión.

Más allá de determinados ejemplos de empresas "coherentes" o "incoherentes", la realidad es que, desde los años 70' hasta nuestros días, es cada vez mayor el número de empresas que poseen una misión. En la actualidad, la misión es una herramienta presente en la mayoría de las principales organizaciones empresariales. Esta creciente y progresiva presencia de la misión ha despertado el interés de un gran número de investigadores que han analizado el impacto real que, en general -y no sólo tomando muestras sesgadas-, la misión tiene en las empresas y su rendimiento. Estas investigaciones han estudiado una cuestión fundamental en relación a la efectividad de la misión: ¿cuál es el impacto que, en general, la misión tiene sobre el rendimiento de las empresas?

Uno de los primeros estudios sobre relación entre misión y rendimiento económico es el realizado por Pearce & David (1987, 112) sobre 218 empresas del Fortune 500[48]. Este estudio, contrariamente a lo que cabría esperar si tenemos en cuenta las afirmaciones que acabamos de citar sobre el impacto que la misión debería tener en los resultados, llegó a la conclusión de que no existía una correlación significativa entre tener, o no tener, misión y los resultados económicos de la empresa[49]. De igual forma, otros estudios de finales de los 80' y

[48] Aunque nos vamos a centrar en los estudios que relacionan misión y rendimiento, existen también otros estudios de interés que relacionan misión con otras variables, como por ejemplo, la retención de los empleados. Ver Brown & Yosioka (2003, 5-18) o Kim & Lee (2007, 227-248).

[49] A pesar de que la investigación de Pearce y David no halló correlación entre tener, o no tener, misión y el rendimiento, entre las empresas que sí tenían misión identificó algunos aspectos del contenido de la misión que parecían tener una correlación positiva con el rendimiento económico. De una lista total de 9 cuestiones que suelen contemplar las misiones de las empresas, Pearce y

principios de los 90', como por ejemplo el de Bart & Baetz (1998, 823-824), analizaron también esta cuestión llegando a la misma conclusión: no existe evidencia empírica que soporte que el hecho de tener una misión tenga un impacto significativo en el rendimiento. Ante esta realidad, no faltaron quienes, especialmente en la década de los 90', se preguntaban asombrados cómo era posible que una herramienta sobre la que no existía evidencia sobre su impacto en el rendimiento podía crecer tanto en popularización y aplicación en las empresas (ver, por ejemplo, Krohe, 1995, 16 y Bart, 1997, 12).

Los resultados de estas investigaciones son concluyentes. En términos generales, la misión ha fracasado en el mundo empresarial. La realidad es que, a pesar de que existen empresas que han logrado unos resultados extraordinarios a través de una misión, estas empresas son una minoría. Casos como el de Jonhson & Johnson, Medtronic o las empresas ensalzadas por obras como "In search of excellence" o "Build to last", son casos excepcionales. Lo más común es que la misión no afecte realmente a la empresa y nunca llegue a representar para la misma ninguna ventaja en términos económicos. De hecho, esta falta de aplicación práctica en términos de resultados económicos, puede ser uno de los motivos por los que algunas empresas muestran un cierto grado de insatisfacción y desilusión con los ejercicios de misión (Baetz y Bart, 1996, 529).

David identificaron tres que de forma significativa están correlacionadas con el rendimiento: la filosofía corporativa, el auto concepto y la imagen pública (o compromiso con la sociedad). Esta línea de investigación, que compara el contenido de las misiones para encontrar correlaciones estadísticas con el rendimiento, ha sido continuada por otros estudios y perdura hasta nuestros días (David, 1989; Sufi & Lyons, 2003; Bartkus, 2006; Williams, 2008). Sin embargo, estos estudios, analizados conjuntamente, no parecen ofrecer resultados concluyentes y, en algunos aspectos, los resultados son contradictorios. En nuestra opinión, un motivo de la falta de consistencia de estos estudios puede ser que sólo contemplan los enunciados de las declaraciones de misión (lo que la empresa tiene escrito en el papel) pero no en el grado en que estas misiones están implementadas en la realidad.

¿Cuáles son las causas de este *fracaso de la misión*? ¿Se trata de una deficiente implementación práctica de la teoría o es el propio marco teórico de la misión el que es insuficiente? ¿Cómo es posible que a pesar de este fracaso las empresas sigan apostando por esta herramienta? ¿Qué es lo que hacen las empresas que logran el *éxito de la misión*?

A lo largo de este capítulo, vamos a ver en profundidad la respuesta a estas cuestiones apoyándonos en algunas de las investigaciones más relevantes que, desde los años 80' hasta la actualidad, se han llevado a cabo sobre diversos ámbitos relacionados con la misión de la empresa[50]. Para ello, vamos a abordar, en diferentes apartados, distintos aspectos de la misión en la práctica: la presencia de la misión en las empresas, su contenido, las principales metodologías utilizadas para su implementación, la integración de la misión en los sistemas de gestión, las condiciones que deben cumplirse para desarrollar una misión de manera efectiva y, finalmente, su impacto en el comportamiento de los empleados. A su vez, al final de cada apartado destacaremos algunas recomendaciones fruto de contrastar la teoría analizada en el capítulo anterior con lo que realmente ocurre en la práctica de las empresas.

[50] Aunque anteriormente veíamos tres formas diferentes de entender el concepto misión, en la mayoría de estudios de investigación sobre la misión que existen en la literatura, sus autores suelen entender la misión bajo la tercera perspectiva. Estos estudios, por lo general, entienden la misión como un concepto amplio que engloba, la esencia del negocio, la contribución a determinados stakeholders, la filosofía de empresa, los valores, creencias, ect…

2.1.- Presencia de la misión en las empresas

Para la mayoría de los expertos sobre la misión, tener una misión no es simplemente una cuestión de conveniencia. Es una cuestión de necesidad y supervivencia. Peter Drucker (1974, 93-94), por ejemplo, en su desarrollo sobre la misión de mediados de los 70', presentó la misión como una herramienta necesaria para el buen funcionamiento de la empresa sin la cual no es posible plantear estrategias u objetivos de manera consistente.

En la misma línea, otros autores, como Want (1986, 48), han propuesto la misión como una herramienta indispensable para todo tipo de organizaciones empresariales. La misión no es una herramienta para una tipología específica de empresas, para un sector o sectores concretos, o para solucionar determinados problemas o situaciones específicas. La misión, ha sido comúnmente presentada como una herramienta necesaria en todo tipo de organizaciones. De hecho, en Estados Unidos, ya a finales de los años 80', un 40% de las principales empresas norteamericanas poseía una declaración de misión (Pearce, 1987, 110). Desde entonces hasta la fecha, el porcentaje de empresas con misión no ha dejado de crecer y, en la actualidad, la gran mayoría de las empresas del índice *Fortune 500* y prácticamente la totalidad de las 100 primeras catalogadas por *best place to work*, poseen algún tipo de declaración de misión.

En definitiva, en las últimas décadas, la misión ha pasado a convertirse en una herramienta común en las empresas. Como muestra, recogemos algunos resultados de estudios que han ido midiendo la presencia de la misión en las empresas de índices como el Fortune 1000, Fortune global 500 u otros índices (ver figura 4).

Ámbito geográfico	%º de empresas con misión	Fuente
Norteamérica (Canadá)	90%	(Bart & Baetz, 1996)
Norteamérica (USA)	91%	(Williams, 2008)
Europa (UK)	83%	(Wright, 2002)
Europa (Escandinavia)	83%	(Wright, 2002)
Asia	83%	(Wright, 2002)
África (Sud África, Ghana)	86%	(Wright, 2002)
Nueva Zelanda	83%	(Wright, 2002)

Figura 4. Presencia de la misión en las principales empresas de distintas área geográficas.

Esta rápida expansión de la misión en las empresas, ha sido impulsada en gran medida por numerosos programas y desarrollos de management. En general, es fácil ver la misión como el inicio de programas de planificación estratégica, ejercicios de reingeniería, creación de equipos de trabajo, implementación de la dirección por objetivos, programas de planificación divisional (Bart, 1997, 9), programas de identidad corporativa (Leuthesser & Kohli, 1997, 59), certificación de calidad, modelos de excelencia (Asher, 1991, 119), marketing relacional (Renart, 2005, 20), etc.... De esta forma, de la mano de programas que han ido creciendo en popularidad y presencia a lo largo de las últimas décadas, la misión ha ido también creciendo en presencia y popularidad.

De entre estos programas citados, probablemente los que más han contribuido a la expansión de la misión como herramienta de management en el mundo entero han sido los modelos de excelencia empresarial y los programas de certificación de calidad. Esto es debido a que estas iniciativas recogen la misión (también llamada de otras formas como, por ejemplo, política de calidad) como un elemento fundamental para obtener la certificación de calidad o excelencia y, por tanto, las empresas que implementan estos programas deben definir, si no lo han hecho con anterioridad, una misión para sus organizaciones. De entre estos modelos de calidad y excelencia podemos destacar los siguientes:

- ➔ el modelo *Demming*, -en Japón y parte del continente asiático-,
- ➔ el modelo *EFQM* -en Europa-
- ➔ el modelo *Malcom Baldrige* -en Norteamérica-
- ➔ el modelo *Iberoamericano*, en España y gran parte de Latinoamérica y,
- ➔ de forma global, el programa de certificación ISO, presente en más de 160 países.[51]

La rápida expansión de la misión en el mundo empresarial mediante su inclusión en distintas metodologías de gestión es una realidad que re-afirma su importancia. Sin embargo, este hecho, positivo desde el punto de vista de la expansión de la misión, puede ser, en cierta medida, negativo de cara a la verdadera validez de muchos de los ejercicios de misión realizados por las empresas. Siendo la misión de la empresa la pregunta más relevante y trascendente acerca de sí misma (Campbell & Nash, 1992, 14-27) y en la que la más alta dirección debe estar tanto filosófica como operativamente comprometida (Ireland & Hitt, 1992, 40), es difícil pensar que programas como la reingeniería, la dirección por objetivos, la certificación ISO o el desarrollo de marketing relacional sean el contexto más adecuado para llevar a cabo un ejercicio de este tipo. Estos programas, de carácter operativo, organizativo o de marketing, corren el riesgo de tratar la misión como un medio o una herramienta de orientación estratégica, pero no como un compromiso fundamental de los que ostentan la dirección y gobierno de la empresa. Podríamos decir que la misión forma parte de numerosos programas de management pero, en algunos de ellos, la forma en que realizan la definición y validación de la misión no asegura que verdaderamente exista el alto grado de compromiso que según los expertos debe tener siempre este ejercicio.

---

[51] Fuente: Aneor. Presentación realizada por D. Tomas Orbea Celaya, en Zaragoza, 19 de enero de 2005.

Una evidencia empírica de esta carencia puede verse, por ejemplo, en los estudios de Bart. Sobre una muestra de 88 misiones de las principales compañías norteamericanas, en un tercio de las mismas el consejo ni siquiera había estado involucrado en su definición y validación (Bart, 1997, 16). Aunque no hemos encontrado investigación específica sobre el verdadero grado de compromiso con la misión de los órganos de gobierno y dirección de las empresas, en base a estos resultados y el de otras investigaciones similares (Wright, 2002, 30-44), cabe pensar que probablemente, en porcentajes significativos, la misión de muchas empresas carece del compromiso necesario que la teoría propone. De hecho, en un reciente estudio sobre la tensión entre misión y ejecución en 400 empresas Europeas puede verse como, entre diversos factores, el consejo de administración es considerado como una de "las principales barreras para concentrarse en la misión dentro de la empresa" (IESE/BM, 2010, 12).

En nuestra opinión, sea cual sea el programa o iniciativa que lleva a la empresa a definir una misión, éste debe asegurar la validez de la misma desde el punto del vista del compromiso de los órganos de gobierno y dirección. Caso de no existir claridad sobre este compromiso, probablemente es mejor optar por la opción que, como veremos a continuación, escogen algunas empresas: no definir una misión.

Causas por las que algunas empresas no definen una misión

La misión es una realidad universal utilizada por la gran mayoría de las principales empresas, pero no por todas. De hecho, como puede verse en la figura cuatro, existen empresas de gran relevancia que han preferido mantenerse al margen de uso de esta herramienta[52]. Los motivos que llevan a estas empresas a no definir una misión es un tema tratado por diferentes autores. Así, David (1989, 95) afirma que existen dos principales motivos. El primero es que responder a la cuestión de "¿cuál es nuestro negocio?" puede crear controversia y a menudo pone de manifiesto discrepancias entre los altos directivos que no son capaces de resolver internamente[53]. El segundo motivo es que los directivos dedican casi la totalidad de su tiempo a cuestiones administrativas y tácticas y no se detienen a plantarse cuestiones de este tipo.

---

[52] En algunos casos, esta realidad podría ser motivada por un desconocimiento de la propia herramienta pero, dada la gran popularización de la misión en la literatura del management, deberíamos descartar esta posibilidad. Dicho de otra forma, aunque las empresas son conocedoras de la existencia de la misión como una posible herramienta de gestión a su alcance, algunas de ellas prefieren no utilizarla. De hecho, los resultados de los estudios que mostramos es este apartado apuntan en esta dirección.

[53] Este dato es consistente con las afirmaciones que ya realizaron previamente algunos autores, como Drucker (1974, 75) o McGowan (1986, 59-60), en relación a la dificultad que puede existir para definir una misión debido a posibles discrepancias internas.

Estas suposiciones y otras similares[54], fueron contrastadas por Baetz & Bart (1996, 530) que identifica diferentes razones para no definir una misión, de entre las cuales, las 5 más frecuentes son:

1.- Percepción de la misión como un mero ejercicio de relaciones públicas con falta de utilidad práctica.
2.- Demasiado tiempo/esfuerzo requerido para formular la misión.
3.- Demasiado tiempo/esfuerzo requerido para implementar la misión.
4.- Negocios no relacionados para los cuales no es fácil definir una misión común.
5.- Falta de capacidad para lograr un acuerdo común.

Como puede verse en los resultados de este estudio, la falta de acuerdo interno o de tiempo son motivos relevantes a la hora de no definir una misión, pero no son el principal motivo. La razón más frecuente por la que los directivos deciden no definir una misión es la creencia de que la misión carece de utilidad práctica o, dicho de otro modo, no sirve para nada. Estos directivos, ya bien sea por su experiencia o por lo que ven en otras empresas, perciben la misión como un simple ejercicio de relaciones públicas sin impacto en la realidad de la empresa. A los que piensan de esta forma, no les falta parte de razón pues, como veremos más adelante, no se trata de una aseveración exagerada, sino que es precisamente la situación más común en las empresas.

[54] En un estudio similar, Ireland & Hitt (1992, 37-40) identifican hasta nueve motivos por los que las empresas deciden no definir una misión: (1) alto número de stakeholders, (2) el esfuerzo requerido, (3) comodidad con el status-quo, (4) no querer dar información a la competencia, (5) dificultad de llegar a un acuerdo, (6) exceso de dedicación en asuntos operativos, (7) falta de capacidad generalista, (8) miedo a perder autonomía y (9) la formalidad de basar la estrategia en experiencias pasadas.

2.2 El contenido de la misión

En el capítulo anterior, veíamos como la literatura de los años 70', 80' y 90' presenta una gran cantidad de elementos que pueden formar la parte de la misión. En la práctica, esta gran variedad puede verse contrastada por investigaciones como la de Bart (1997, 15) que identificó 20 distintos elementos que estaban presentes en, al menos, un tercio de las misiones analizadas y que son (en orden de frecuencia): 1.-Propósito, 2.- Compromiso con la satisfacción de los clientes, 3.- Objetivos generales corporativos, 4.- Valores / filosofía, 5.- Competencia distintiva, 6.- Compromiso con la satisfacción de los empleados, 7.- Definición del negocio, 8.- Compromiso con la satisfacción de los stakeholders en general, 9.- Estrategia competitiva, 10.- Imagen pública deseada, 11.- Estándares de comportamiento, 12.- Objetivos no financieros, 13.- Productos ofrecidos, 14.- Mercados a los que se dirige la actividad, 15.- Compromiso con la satisfacción de la sociedad, 16.- Compromiso con la satisfacción de los proveedores, 17.- Objetivos financieros específicos, 18.- La tecnología ofrecida, 19.- Localización de los negocios, 20.- Compromiso con la supervivencia.

Frente a esta gran variedad, no es fácil establecer un resumen o una descripción general del contenido de las misiones de las empresas que, como vemos, es enormemente amplio. En nuestra opinión, esto es debido a que como hemos visto anteriormente, en la literatura co-existen al menos tres formas de entender el contenido de una misión – la contribución al cliente, la contribución a determinados stakeholders, y la agrupación de un amplio conjunto de elementos- y, a su vez, hay una cierta confusión y discusión sobre la relación que existe entre la misión y otros elementos como la visión o los valores. Ahora bien, tanto en la teoría[55] como en la práctica, especialmente en las últimas dos décadas, es cada vez mayor la tendencia a concentrar el concepto misión como contribución a determinados stakeholders.

[55] Ver, por ejemplo, Senge (1998, 17) o Bartkus & Glassman (2007).

Un ejemplo de esta realidad, especialmente de la mayor presencia de los stakeholders clientes, accionistas, empleados y sociedad[56] en las misiones corporativas, puede verse mediante la comparación de dos estudios realizados sobre misiones de empresas norteamericanas, ambos separados en el tiempo por un periodo de 11 años (ver figura 5)[57]. De hecho, tal como afirman Bartkus & Glassman (2007, 208) que realizaron varios estudios sobre la misión en diferentes países, "las misiones corporativas, originalmente declaraciones simples del propósito, han evolucionado convirtiéndose en declaraciones públicas de compromisos de la organización con determinados stakeholders"[58].

	(Bart, 1997)*	(Williams, 2008)*
Clientes	78%	96%
Empleados	52%	67%
Accionistas	41%	56%
Sociedad	33%	70%
Proveedores	21%	11%

* Porcentaje de misiones que incluyen el stakeholder

Figura 5. Inclusión de los stakeholders en la misión corporativa[59]

[56] Sobre la creciente presencia de la sociedad (comunidad) y la ética en las misiones corporativas ver también Darwin (2010, 75).

[57] Esta comparación se realiza a modo ilustrativo, pero no puede ser considerada estrictamente válida puesto que ambos estudios no utilizan la misma muestra de empresas.

[58] "Corporate missions, originally simple statements of purpose, have evolved into public disclosures of organizations" promises to external constituencies regarding firms" commitments to stakeholders."

[59] Esta realidad, sin embargo, no es igual en todas las áreas geográficas. Por ejemplo, en los estudios de Bartkus *et* al. (1994, 396), que comparan misiones de empresas de USA, Europa y
Japón, pueden observarse algunas similitudes y diferencias en relación a esta cuestión. En las misiones de empresas de USA y Europa, los porcentajes de inclusión son similares y siguen la tendencia presentada en la figura cinco. Sin embargo, las empresas Japonesas hacen una menor referencia a los empleados (6,7%) y los accionistas (0%) y su principal foco se encuentra en la

En nuestra opinión, esta tendencia a focalizar el concepto misión en la contribución a determinados stakeholders es altamente conveniente pues, desde un punto de vista práctico, ayuda a centrar el concepto misión en un ámbito determinado y permite distinguirlo de otros elementos como la visión, los valores, la estrategia, etc.. De hecho, en la literatura de nuestras días, ésta es la forma más habitual de entender el contenido de la misión de la empresa (p.ej. Ballvé, 2006, 85) y, la distinción entre misión, visión y valores, es probablemente la más habitual en las principales metodologías de nuestros días (p.ej. Kaplan y Norton, 2008, 64).

En cuanto a qué stakeholders deberían estar presentes en la misión de una empresa, es relevante considerar aquí los estudios de Kotter y Hessket (1992) sobre la cultura corporativa de las empresas. Estos estudios, tras analizar la cultura de 207 empresas de 22 distintos sectores y contrastarla con los resultados económicos de cada una de ellas, llegaron a la conclusión de que un adecuado desarrollo de la cultura de la empresa debe estar centrado en, como mínimo, los clientes, accionistas y empleados (*stakeholders principales*). De hecho, en todos los casos las empresas que estaban centrados en estos tres stakeholders de forma simultánea, obtenían mejores resultados que aquellos que se centraban en uno o dos de ellos. Descuidar alguno de estos stakeholders tiene efectos negativos en la empresa incluso desde el punto de vista del rendimiento. Ahora bien, a pesar de esta evidencia, y como puede verse en investigaciones recientes (ver figura 5), existe un cierto porcentaje de empresas que no siguen correctamente esta recomendación.

Como conclusión podemos decir que, aunque por diversos motivos algunas empresas prefieren no definir una misión, la mayoría de las principales empresas sí tienen una misión definida, y su contenido –altamente variado- cada vez más recoge la perspectiva de misión como la contribución a determinados

---

sociedad (60%). Otro ejemplo sobre las diferencias existentes entre las misiones de empresas de diferentes zonas geográficas del planeta puede verse en Nimwegem, Bollen *et* al., (2008, 61-81).

stakeholders. En nuestra opinión, ésta es la forma más adecuada de entender el contenido de una misión recogiendo en ella, como mínimo, a los tres stakeholders principales: clientes, accionistas y empleados.

2.3.- Metodologías para la definición e implementación de la misión

Si bien existen numerosas formas de entender la misión en cuanto al concepto y su contenido, sobre las metodologías que deben seguirse para definir una misión existe un mayor grado de consenso. De hecho, las metodologías utilizadas en la práctica para la definición de la misión y las condiciones para su desarrollo, suelen ser comunes en las organizaciones (Ireland & Hitt, 1992, 40). Estas metodologías, presentadas por distintos autores en forma de manuales, reglas o procedimientos, han sido utilizadas por las empresas de manera generalizada como guía de actuación para definir y comunicar una misión y su influencia llega hasta nuestros días. Par ilustrar en qué consisten dichas metodologías presentamos dos ejemplos, uno de mediados de los 80' centrado principalmente en el proceso de definición de la misión y otro, de mediados de los 90', que abarca más en profundidad el proceso de comunicación.

El primer ejemplo, es la metodología elaborada por Cochran, David & Gibson, (1985, 27-39) bajo el título *"Un esquema para desarrollar una misión efectiva"*. Esta metodología cubre, fundamentalmente, los aspectos relacionados con la definición de la misión y está formada por un conjunto de cinco pasos:

1°.- Orientación: este paso recoge la creación y formación de un equipo de trabajo, formado comúnmente por directivos de la empresa, que será el encargado del proceso de definición de la misión.

2º.- Análisis de componentes: en este paso, mediante reuniones de reflexión y deliberación, el equipo define los elementos que deben figurar en la misión y realizar un borrador. En esta fase es fundamental que el proceso de deliberación sea participativo y tenga el "input" de diferentes agentes.

3º.- Análisis de comunicabilidad: en este paso la misión se redacta de forma sencilla y concisa aplicando criterios denotativos (legibilidad y significado). Este paso tiene una gran importancia para facilitar la comprensión de la misión por parte de los empleados.

4º.- Análisis connotativo: en esta fase se determinan los sentimientos deseables que la misión debe crear en las personas que la van a leer. Para ello, el borrador de misión se testea entregándolo a diferentes personas, se identifican los sentimientos que produce y se ajusta la misión hasta que ésta genere los sentimientos deseados. Un buen análisis connotativo facilita que la misión sea mejor aceptada por los empleados "haciéndola suya" con más facilidad.

5º.- Análisis de aplicabilidad: en esta fase se diseñan algunos mini-casos con situaciones del día a día de la empresa y se analiza la aplicabilidad de la misión[60]. Mediante este ejercicio se comprueba que la misión ha sido redactada de forma suficientemente concreta para que pueda ser aplicada en situaciones y casos específicos.

El segundo ejemplo, es la metodología realizada por Jones & Kahaner (1995) bajo el título *Seis reglas para escribir e implementar la misión.* Esta metodología, es similar a la primera pero añade algunas cuestiones básicas en cuanto a la comunicación de la misión a los empleados.

---

[60] Un ejemplo de estas situaciones puede ser: "si un cliente se queja de mal servicio, en base a la misión, ¿cómo deberíamos actuar?"

1ª.- Redacta un enunciado simple, no necesariamente corto, pero simple: la misión debe ser fácil de leer y de comunicar.

2ª.- Permite el "input" interno, mediante la aportación de los empleados, ajustando el borrador inicial y buscando cierto grado de consenso que facilite que los empleados generen sentido de propiedad.

3ª.- Cuenta con la colaboración de externos que traigan una perspectiva fresca sobre el proceso.

4ª.- Las palabras y el tono deben reflejar la personalidad de la empresa. Para ello la misión se debe testear con algunos empleados y ser modificada hasta encontrar las palabras adecuadas.

5ª.- Comparte la misión mediante los máximos medios posibles para que la misión esté frente a los empleados en todo momento. Para ello, se pueden usar varios métodos, como por ejemplo, carteles en las paredes, sesiones de formación, presentaciones en video, folletos u objetos en la mesa de los empleados, etc…

6ª.- Promueve el uso de la misión en la práctica. Por ejemplo, preguntando a los empleados cómo desarrollan la misión en su día a día o revisando periódicamente si se está cumpliendo la misión.

Junto a estos dos ejemplos, existen también otras metodologías similares, todas ellas centradas fundamentalmente en cómo definir una misión y cómo comunicarla a los miembros de la organización. Entre otras, podemos citar, por ejemplo, las de Mc Gowan (1986) y Campbell y Nash (1992) que abarcan tanto la definición de la misión como su comunicación, o la de Abrahams (1999, 33-45), que expone de manera exhaustiva los pasos a seguir para definir una "buena declaración misión".

Ahora bien, a pesar del uso generalizado de estas metodologías, ya a inicios de los años 90' puede verse como distintos autores pusieron en evidencia que son insuficientes para conseguir comunicar la misión de manera efectiva a todos los empleados. A pesar de que las empresas suelen realizar una intensa comunicación de la misión, los trabajadores no llegan a saber cómo les afecta a ellos de manera específica (Calfee & David, 1993, 54).

Frente esta realidad, una práctica relativamente frecuente en las empresa es la de invitar a los empleados a que realicen una reflexión de misión a su nivel particular. Es decir, promoviendo entre los empleados que concreten en una declaración formal el "para qué" de su división, departamento o puesto de trabajo. Ahora bien, esta solución, si bien parece atractiva como forma de acercar el concepto misión a los empleados, tiene algunas deficiencias importantes identificadas por Warner (1995, 8):

- Los procesos que comúnmente se utilizan para definir las misiones de división, área, departamento o individuales suelen ser poco claros desde el punto de vista metodológico.

- Generalmente, existe un alto grado de incongruencia entre las misiones que suelen definirse a distintos niveles y áreas de la empresa. Esto es debido a que las misiones se suelen realizar por cada área o división de manera independiente unos de otros.

- Por lo general, las misiones que se definen a nivel particular de una división, grupo de personas o misiones individuales, no permiten ver la misión del conjunto en tanto tan sólo representan un parte –más o menos reducida- de la misión de la organización.

- El nivel de implicación de las personas en las misiones divisionales, departamentales o del puesto de trabajo suele ser considerablemente bajo (incluso, a veces, éstas se hacen de forma externa por consultores) lo que limita la capacidad de estas misiones de atraer el compromiso y el sentido de propiedad de aquellos a los que van dirigidas.

Como solución a estas carencias, Warner (1995, 8) realizó una propuesta ordenada de despliegue de la misión de la empresa en sentido vertical, de "arriba-abajo", mediante lo que llama "misiones anidadas" a tres niveles: misiones "divisionales" (en el caso de existir divisiones en la empresa), misiones "departamentales" y misiones "personales". Sin embargo, más allá de los desarrollos de Warner, no hemos encontrado que esta propuesta haya sido considerada en las metodologías posteriores, ni evidencia en la investigación empírica que haya sido tenida en cuenta en la práctica de las empresas. Por este motivo, creemos que es conveniente ampliar las metodologías existentes para el desarrollo de la misión con procesos que aseguren su correcto despliegue a todos los miembros de la organización.

Finalmente, y para terminar aquí con el análisis de la metodologías comúnmente utilizadas para la definición e implementación de la misión, queremos resaltar la poca atención que prestan estas metodologías a la revisión y actualización de la misión. Si bien la necesidad de revisar la misión cada cierto periodo de tiempo es un tema tratado por diversos autores como, por ejemplo, Drucker (1974-89) o Pearce y Kendall (1988, 39-44), estas recomendaciones no están recogidas en las metodologías prácticas de la misión. Por este motivo, creemos conveniente reforzar las metodologías para la definición de la misión con mecanismos para su revisión cada cierto periodo de tiempo.

2.4.- La integración de la misión en los sistemas de gestión

En la literatura, ya desde los años 70', distintos autores han realizado diversas recomendaciones acerca de la necesidad de que la misión esté integrada en los distintos sistemas y herramientas de gestión de la empresa. Por lo general, estas propuestas están fundamentadas en la investigación y en ellas sus autores presentan lo que, según han podido corroborar en casos reales, son las claves para implementar con éxito una misión. Veamos a continuación algunas de las principales propuestas ordenadas cronológicamente.

Peter Drucker (1974, 74), afirma que la misión debe ser el fundamento para:

- el establecimiento de prioridades,
- la definición de estrategias,
- la planificación,
- la asignación de puestos de trabajo,
- la definición de estructuras directivas,
- las decisiones sobre los productos y servicios que la empresa debe abandonar o desarrollar.

King and Cleland (1979, 124) proponen que la misión debe tener impacto real en los siguientes ámbitos de la empresa[61]:

- asegurar el consenso sobre el propósito de la organización,
- proveer unas bases para la asignación de recursos,
- servir como base para la selección y exclusión de los empleados,
- facilitar la asignación de roles y responsabilidades dentro de la organización,
- transformar el propósito de la organización en objetivos y parámetros de evaluación y control.

Pearce, (1982, 15), especifica tres funciones primordiales de una misión:

- establecer expectativas comunes en todos los niveles de la organización,
- constituir las bases para la planificación,
- evaluar el desempeño.

[61] Citado en David (1989, 92).

Bart (1997, 16), identifica 9 ámbitos en los que la misión debe tener un impacto significativo[62]:

- criterios de evaluación del rendimiento,
- estilos de liderazgo,
- sistemas de planificación operativa (p.ej. objetivos),
- sistemas de formación y desarrollo,
- planificación estratégica,
- incentivos,
- sistemas de selección / reclutamiento,
- sistemas presupuestarios,
- estructura / diseño organizativo.

Como puede verse, la recomendación acerca de la integración de la misión en los sistemas de gestión ha sido tratada por diversos autores[63]. De hecho, una misión, por si sola, es simplemente un ejercicio intelectual. Pero es necesaria la disciplina de sistemas y procedimientos formales para darle vida. Las empresas que no entienden esta lección, o que eligen ignorarla, operan en una desventaja competitiva considerable (Bart, 1997, 17). Ahora bien, frente a esta gran variedad de ámbitos en los que teóricamente la misión debe tener un impacto significativo, la situación más común en la práctica es que las empresas no sigan de manera completa estas recomendaciones, tal como han puesto de manifiesto diversos

---

[62] Esta propuesta fue demostrada empíricamente por su propio autor (Bart, 1997, 16) pues validó estadísticamente que, en la medida en que estos mecanismos estaban alineados con la misión, existía una correlación positiva y significativa entre la implementación de estos sistemas y el grado en que la misión impacta en el día a día de los empleados. Otro estudio que arrojó también unos resultados similares en cuanto a la importancia de alinear los sistemas de evaluación del desempeño con la misión es el de Wright (2002, 43) realizado sobre 356 directivos de empresas de UK, Escandinavia, Sud-África, Ghana, Singapur y Nueva Zelanda.

[63] Junto a las propuestas presentadas, posteriormente diferentes autores han ido realizando también aportaciones similares sobre los ámbitos de aplicación de la misión. Un resumen de estas propuestas, realizada por Bartkus destaca cuatro ámbitos principales: (1) la motivación e inspiración de los empleados, (2) servir de ayuda en la toma de decisiones no rutinarias, (3) especificar las líneas de actuación con respecto a los stakeholders o (4) servir como mecanismo de control (Bartktus *et* al. 2004, 394).

estudios. La investigación de Baetz & Bart (1996, 528), por ejemplo, concluye que las empresas utilizan la misión en mayor medida en las cuestiones que afectan a la planificación estratégica, definir el ámbito de actuación, establecer un propósito común y guiar los estilos de liderazgo. Sin embargo, en los aspectos que se refieren a los procesos de selección, descripción de puestos de trabajo, incentivos y asignación de recursos apenas se puede decir que la misión tenga un impacto significativo.

Otra investigación, ésta de Bartkus *et* al., (2004, 398), arroja unos resultados en la misma dirección. Los usos más frecuentes de la misión en las empresas son los relacionados con el foco en la dirección y la comunicación a los empleados. Sin embargo, la utilización de la misión en los procesos y sistemas relacionados con la toma de decisiones no rutinarias, en el día a día de la empresa, son significativamente menores. En la misma línea de conclusiones están las investigaciones de Bartkus & Glassman (2007, 214), que mostraron con números y evidencias la baja relevancia que, comúnmente, tiene la misión sobre los procesos de toma de decisiones en las empresas. Tal y como indica también Melé *et* al. (2000, 12), es significativo que tan sólo un pequeño porcentaje de las principales empresas realice sesiones de trabajo en las que se profundiza en la misión y se trata de implementarla en la organización.

Es difícil determinar cuáles son las causas de esta implementación incompleta de la misión en los sistemas de gestión pero, probablemente, unas de las razones principales es que, tanto en la literatura como en la práctica, la misión es utilizada fundamentalmente como una variable cualitativa y no como una variable cuantitativa. Como se puede ver en los estudios que venimos citando, las empresas definen una misión y hacen esfuerzos por comunicarla, pero luego no parecen poner el mismo interés por conocer el grado de desarrollo y evolución de la misma.

En nuestra opinión, este modo de concretar la misión a nivel práctico es incorrecto. Aunque no esté citado así explícitamente en la literatura existente, de los desarrollos de autores como Drucker (1974, 74), King and Cleland (1979, 124), Pearce, (1982, 15) o Bart (1997, 16) se puede deducir que en la misión existen, al menos, dos dimensiones. Una dimensión cualitativa –que hace referencia a la declaración de misión o "mission statement"-, y otra cuantitativa – que hace referencia el grado en que se realiza la misión. Ahora bien, en todas las metodologías que hemos visto en el apartado anterior, la misión es concebida en términos cualitativos, pero no se contempla en ellas su concreción en términos cuantitativos.

Esto pone de manifiesto, en nuestra opinión, la conveniencia de re-elaborar las metodologías prácticas existentes para la definición y comunicación de la misión para incluir en ellas la expresión de la misión en términos cuantitativos. Es decir, además de definir y comunicar a la organización *cual* es la misión, se debe definir y comunicar su grado de realización a lo largo del tiempo. Para ello, es necesario establecer mecanismos que permitan concretar, analizar y evaluar –mediante indicadores o evidencias- la misión en términos cuantitativos. Esta consideración no es un cambio menor. Es un cambio de paradigma que tiene múltiples consecuencias de orden práctico y es altamente conveniente para un correcto alineamiento de la misión en los sistemas de gestión. Como afirman multitud de expertos del management -llegando a convertirse en una máxima-, "lo que no se mide, difícilmente se gestiona". Esto es lo que le está pasando a la misión en la práctica.

Esta nueva forma de entender la misión haría que las personas de la organización -empezando por los directivos- consideraran la misión de manera diferente. Bajo este paradigma, y si realmente se considera la misión como importante, los directivos de una empresa, por ejemplo, no se contentarán simplemente con comunicar la misión –como ocurre con frecuencia- sino que, lo natural, sería comunicar periódicamente la evolución de su grado de desarrollo, así como establecer metas futuras sobre los niveles a alcanzar. De alguna forma, sería lo mismo que ocurre generalmente con los resultados económicos, donde las empresas no se contentan con comunicar a los empleados que quieren tener beneficios, sino que planifican un nivel esperado y ponen los medios para lograrlo.

A su vez, para favorecer el alineamiento entre la misión y los sistemas de gestión, además de utilizar la misión como una variable cuantitativa, pensamos que es necesario reforzar las metodologías existentes con mecanismos que aseguren la integración de la misión en los sistemas de gestión. A este respecto, destacamos dos metodologías: la de Cardona y Rey (2005) sobre "cómo introducir la misión en la gestión" y la de Crotts *et* al. (2005) sobre la realización de auditorías que midan el grado de alineamiento entre la misión y los sistemas de gestión.

2.5.- Condiciones para el desarrollo de una misión efectiva

Tal y como hemos visto a lo largo de este capítulo, en términos generales el impacto de la misión en las empresas y en los resultados económicos es significativamente bajo. En algunas empresas la misión sí parece impactar en el rendimiento, pero son minoría. En relación a esta minoría de empresas, nos resta aclarar una cuestión que durante años permaneció sin respuesta empírica: ¿cuáles son las condiciones que aseguran el desarrollo de una misión efectiva?

Un estudio que arrojó cierta luz sobre esta cuestión fue el realizado a finales de los 90' sobre 136 empresas canadienses (Bart & Baetz, 1998, 823-853). Esta investigación demostró que, bajo unas determinadas condiciones, la misión sí mantenía una "substancial y significante" correlación con el rendimiento, medido mediante el ROS, ROA, ventas y beneficio[64]. Estas condiciones son: (1) la empresa está satisfecha con la misión definida, (2) la empresa afirma que cuenta

[64] Algunos de los resultados de este estudio han sido también corroborados por Sidhu (2003, 439-446) sobre una muestra de empresas Europeas.

con un buen proceso de desarrollo de la misión y (3) existe una alta involucración de los stakeholders internos (dirección, mandos medios y empleados) en el desarrollo de la misión. En otras palabras, cuando la misión está bien definida, existen los procesos adecuados para su desarrollo y, además, los empleados están involucrados en la misma. Entonces, la misión es capaz de influir positivamente en las ventas, el beneficio, el retorno de las inversiones y el retorno sobre las ventas. Estos reveladores resultados, de alguna forma, arrojaron una explicación que validaba las afirmaciones de que la misión tiene capacidad de ejercer unos resultados positivos sobre el rendimiento de la empresa. Sin embargo, tal y como indican Bart & Baetz, es necesario estudiar más en profundidad esta cuestión para poder entender mejor las causas de estas correlaciones.

Las causas de estas correlaciones fueron analizadas por Bart *et* al. (2001, 19-34) pero, esta vez, mediante una investigación más profunda y detallada sobre 88 empresas de USA y Canadá, analizando diferentes cuestiones relativas al grado en que la misión impactaba realmente en las organizaciones. En base a sus resultados, este estudio desveló que, cuando la misión está articulada de manera correcta, ésta tiene la capacidad de ejercer influencia positiva en el comportamiento de los empleados que lleva a un mayor desempeño y rendimiento. En base a estas conclusiones, Bart elaboró un modelo que explica las relaciones de causalidad entre la misión y los resultados económicos: (1) el grado en que la organización está alineada y comprometida con la misión influye positivamente en el comportamiento de los empleados, y (2) el grado en que el comportamiento de los empleados está influido por una misión tiene impacto positivo en los resultados económicos. Es decir, cuando los empleados tienen realmente una misión común y están comprometidos con ella, el desempeño es mayor, pero si no existe este compromiso por parte de los empleados, la misión no afecta en su comportamiento y no cabe esperar que la misión vaya a tener ningún efecto positivo sobre el rendimiento.

De este estudio se desprende lo que podemos llamar la condición principal y necesaria para el desarrollo de una misión efectiva: para que la misión impacte de manera significativa en el comportamiento de los empleados (lo que vamos a llamar a partir de ahora *misión efectiva*), es necesario, como condición principal, que los empleados estén realmente comprometidos con esa misión (ver figura 6).

Figura 6. Condición principal para el desarrollo de una misión efectiva[65]

En términos de resultados económicos, lo que marca la diferencia no es tener o no tener una misión, sino que la misión esté realmente implementada en el día a día de la empresa y que ésta llegue a tener impacto significativo sobre el comportamiento de las personas de la organización. Sólo entonces se puede esperar que la misión tenga impacto positivo sobre el rendimiento. Ahora bien, el problema de la gran mayoría de empresas que tienen una misión definida radica precisamente ahí pues, como vamos a ver a continuación, por lo general el impacto que tiene la misión sobre el comportamiento de los empleados es significativamente bajo.

[65] Basado en el modelo de Bart (2001, 20).

2.6.- El impacto de la misión en el comportamiento de los empleados

Una vez vista la principal condición para el desarrollo de una misión efectiva -el compromiso de los empleados con la misión-, vamos a ver lo que consideramos es el factor decisivo que establece el éxito o fracaso de una misión y que consiste en su capacidad de impactar realmente en el comportamiento de los empleados. Es decir, en qué medida, las empresas que tienen definida y comunicada una misión, consiguen que ésta influya de manera positiva y significativa en su comportamiento.

Esta realidad ha sido contrastada empíricamente por varios autores. Un ejemplo, lo podemos encontrar en los estudios de Bart (1997, 12-14) publicados bajo el provocativo título "Sexo, mentiras y declaraciones de misión". Los resultados de su estudio sobre el impacto de la misión en el comportamiento de los empleados revelaron que,

- un 14% de los directivos encuestados alegaba que la influencia había sido negativa[66],
- un 15% aseguraba que no existía influencia alguna,
- un 66% reconocía que la misión tan sólo ejercía una mera influencia parcial y
- sólo un 5% afirmaban que la misión ejercía influencia positiva y significativa sobre los empleados.

[66] Llama la atención que la misión, en determinados casos, pueda llegar a tener incluso efectos negativos sobre el comportamiento. Esta situación puede darse cuando la misión no se implementa de manera adecuada y queda como una mera declaración de intenciones sin credibilidad para los empleados (Cardona y Rey, 2003).

Bart, en la exposición de estos resultados concluye que en cuanto a las declaraciones de misión, "la gran mayoría no merecen ni siquiera el papel en el que están escritas y no deben ser tomadas en consideración con ningún grado de seriedad"[67].

Posteriormente, otros estudios han arrojado también resultados similares como, por ejemplo, el de Wright (2002, 37) que demostró el escaso grado influencia que, en general, la misión tiene sobre el comportamiento de las personas de la organización. De hecho, tanto los estudios de Bart como los de Wright, no hicieron más que demostrar con números lo que parece era ya una realidad conocida desde años atrás que muchas declaraciones de misión definidas por las empresas no tienen ningún efecto significativo ni sobre lo que la gente hace, ni sobre el rendimiento operativo (Calfee & David, 1993, 54). Es decir, en lo que respecta al impacto de la misión en el comportamiento de los empleados, en la mayoría de las empresas la distancia entre la teoría y la práctica es considerablemente grande.

En cuanto a las causas de esta situación, en una primera aproximación podríamos pensar que el escaso impacto de la misión en el comportamiento se debe a las carencias expuestas en las metodologías para la definición y comunicación de la misión y a la incompleta integración de la misión en los sistemas de las empresas. Sin embargo, en nuestra opinión, el problema es más profundo de lo que parece. Si bien es cierto que la práctica no sigue íntegramente a la teoría en cuanto a metodologías e integración en los sistemas en una cierta proporción, la proporción de bajo impacto de la misión en el comportamiento de los empleados es significativamente mayor. De esto se puede deducir que lo que está fallando parece ser algo más que una ejecución práctica parcial o incompleta. Muy probablemente, el problema se encuentra en un estadio anterior, en el propio

[67] "The overall conclusion is that, in any simple of mission statement, the vast majority are not worth the paper they are written on and should not be taken with any degree of seriousness" (Bart, 1997, 12).

marco teórico que conforma lo que comúnmente se entiende por misión y se busca implementar en la práctica.

Esto requiere, en nuestra opinión, que nuestra investigación se centre en adelante en la revisión del propio marco conceptual de la misión, una cuestión que pasaremos a exponer en el siguiente capítulo.

2.7.- Conclusión: recomendaciones para una mejor implementación de la misión

En este segundo capítulo hemos revisado el estado de la misión en la práctica del común de las empresas. Para ello, hemos analizado mediante diversos estudios existentes la expansión de la misión en el mundo empresarial, su contenido, las metodologías existentes para su comunicación, la integración de la misión en los sistemas de gestión, su impacto en el comportamiento y la relación entre misión y rendimiento económico. De este análisis, se desprenden algunas conclusiones y recomendaciones prácticas de las que podemos destacar las siguientes:

1. Asegurar, en el proceso de definición e implementación de la misión de la empresa, que existe un verdadero compromiso con el mismo por parte de los órganos de gobierno de la empresa.

2. Centrar el contenido de la misión en la contribución a determinados stakeholders cubriendo, como mínimo, lo que podemos llamar los tres stakeholders principales de la empresa: clientes, accionistas y empleados.

3. Ampliar las metodologías existentes para la definición y comunicación de la misión con procesos de despliegue de la misión a lo largo de las diferentes divisiones y departamentos de la empresa.

4. Desarrollar la misión como una variable cuantitativa, es decir, definiendo y comunicando, además de la declaración de misión, su grado de evolución a lo largo del tiempo.
5. Reforzar la implementación de la misión mediante metodologías que faciliten y aseguren la integración y alineamiento de la misión en los sistemas de gestión.

6. Incluir en las metodologías para la definición de la misión mecanismos que aseguren su revisión periódica.

Ahora bien, a pesar de estas recomendaciones de orden práctico, y considerando el escaso impacto de la misión en el comportamiento de los empleados, entendemos que el problema es mayor que una simple corrección de las metodologías existentes. En nuestra opinión, entendemos que el marco teórico existente es insuficiente para explicar el fenómeno que explica la relación entre los empleados y la misión de la empresa.

Por ello, pensamos que la magnitud del problema requiere que analicemos también de forma crítica el estado de la cuestión, no sólo desde un punto de vista práctico – como hemos visto en a lo largo de este capítulo-, sino también desde un punto de vista teórico. Esto último es lo que vamos a hacer a continuación: revisar el marco conceptual de la misión en la búsqueda de soluciones de orden teórico que faciliten el desarrollo de la misión en la práctica, asegurando que ésta tenga impacto real y significativo en el comportamiento de los empleados.

CAPÍTULO 3.- ANÁLISIS CRÍTICO DEL MARCO TEÓRICO DE LA MISIÓN

Hemos visto las principales aportaciones sobre la misión en la literatura y la situación de la misión en la práctica de las empresas que, en general, está caracterizada por una implementación incompleta, un escaso impacto sobre el comportamiento de los empleados y un efecto significativamente bajo sobre los resultados económicos de la empresa. A pesar de toda la literatura existente, las numerosas metodologías propuestas por diversos autores y los recursos dedicados por las empresas en su implementación, la misión no ha llegado a generar los resultados esperados.

Esta situación de fracaso en unos porcentajes tan elevados nos lleva a pensar que, probablemente, el problema de fondo se encuentre en el propio marco teórico que sustenta el concepto misión. En nuestra opinión, el problema de la misión no se puede atribuir simplemente a una implementación defectuosa sino que el marco teórico que sustenta el propio concepto es insuficiente. Aunque, como hemos visto, el número de aportaciones es extenso, muy probablemente ha sido insuficiente para explicar con claridad qué es una misión y, también, cómo saber si realmente se está teniendo éxito en su implementación.

Frente a esta situación, vamos a plantear la conveniencia de revisar el marco conceptual existente de la misión, algo que puede hacerse, en nuestra opinión, mediante la utilización de un marco conceptual más amplio. Por lo que, a continuación, vamos a revisar el marco teórico de la misión existente utilizando como modelo teórico y conceptual más amplio, la teoría de la organización de Juan Antonio Pérez López (en adelante JAPL)[68]. Como veremos, su teoría de la organización –que ofrece "un punto de vista distinto" a las teóricas organizativas

[68] Profesor de Teoría de la Organización del Instituto de Estudios Superiores de la Empresa (IESE), del que fue Director General entre 1978 y 1984.

clásicas (Rosanas, 2009, 12-13)- propone un concepto de misión que va más allá del marco teórico tradicional, ofreciendo una perspectiva más amplia y completa de lo que debe entenderse por misión y su papel dentro de la organización empresarial.

3.1 La teoría de JAPL como marco de referencia

Desde la revolución industrial hasta la actualidad han surgido diferentes teorías y desarrollos de management. Académicos, consultores, directivos del mundo de la administración o expertos en disciplinas como la psicología o la ingeniería, han intentado durante décadas responder a una pregunta fundamental: ¿qué es una empresa?

Uno de los esfuerzos más notables por dar respuesta a esta cuestión, y probablemente el más relevante en relación al tema de esta investigación, es el trabajo realizado por JAPL publicado bajo el título "Fundamentos de la Dirección de Empresas". Esta teoría ofrece una conceptualización de la organización y los distintos elementos que la componen (estrategia, sistemas, recursos,...) donde la misión aparece como el fundamento y el origen de la misma. La particularidad de esta teoría con respecto a otros modelos de organización es la forma en la que aborda la cuestión de las motivaciones de las personas. Mientras que en el común de las teorías organizativas se consideran las motivaciones extrínsecas – relacionadas con recompensas- e intrínsecas –relacionadas con el atractivo del trabajo-, en la teoría de JAPL (1993, 76) aparece un nuevo elemento "motor": la motivación trascendente -también llamada motivación prosocial (Grant 2008a), una dimensión motivacional que explicaremos en profundidad más adelante y que está directamente relacionada con el desarrollo de la misión empresarial. La teoría de JAPL ofrece una explicación de la organización más amplia y, a su vez, describe con mayor concreción la relación que existe entre la misión y el resto de elementos de la organización. Estos motivos son los que nos llevan a considerar la teoría de JAPL como idónea para ser utilizada como punto de "referencia" sobre el que realizar la revisión del marco teórico de la misión.

Ahora bien, conviene destacar que la forma en que JAPL expone su teoría de la organización es mediante conceptos analíticos y fundamentalmente en un plano teórico que, debido a sus particularidades, preferimos llamar *abstracto* pues busca el mínimo número de conceptos que explican la realidad a la que se hace referencia. Como consecuencia, la forma en que JAPL expone su teoría, posee un alto grado de abstracción en cuanto a los conceptos y sus descripciones. Por ejemplo, cuando JAPL habla de conceptos como la misión o la estrategia, no dice "misión es…" o "estrategia es…" sino "la misión se refiere a…" o "la estrategia hace referencia a…". Esta forma de escribir, común en la exposición de su teoría de la organización en casi la totalidad de sus conceptos principales, nos da una idea de que su intención no es la de establecer definiciones – lo que corresponde al plano concreto- sino de describir la realidad en un plano abstracto. Por este motivo, la teoría de JAPL no puede considerarse en sí misma una solución directamente aplicable a una situación concreta, pero sí puede representar una base conceptual, o modelo analítico, sobre el que establecer soluciones. Ahora bien, la elaboración de estas soluciones requerirá siempre de una cierta interpretación de los conceptos teóricos y abstractos que, obviamente, estará condicionada por la subjetividad[69].

Otro aspecto a resaltar es que, debido probablemente a su complejidad en cuanto a la exposición, la teoría de las organizaciones de JAPL no ha llegado realmente a impactar en el ámbito de la literatura sobre la misión de la empresa. De hecho, en ninguna de las investigaciones citadas sobre la misión podemos encontrar referencia alguna a su teoría o indicios de que la pudieran haber tenido en consideración[70]. Por otro lado, hay que decir que en el sentido contrario, tampoco

[69] Sobre cómo interpretar un marco teórico abstracto en un plano concreto meditante la analogía, queremos agradecer las lecciones recibidas de D. J. Olives y su obra "La ciudad cautiva" (2005).

[70] Por este motivo, cuando hablamos aquí del marco teórico de la misión, no consideramos la teoría de JAPL como parte del mismo.

es fácil saber si la teoría de JAPL tiene en cuenta a los expertos de la misión. Esto es debido a que en su teoría apenas pueden hallarse unas pocas citas a otros autores. Aunque podemos pensar que sí era conocedor de las principales teorías de la misión que fueron fraguándose a lo largo de la década de los 70' y 80', el escaso número de referencias bibliográficas en su obra no permite sacar una conclusión en este punto.

Otro aspecto a considerar es que esta teoría es anterior a las principales investigaciones de nuestra época sobre la eficacia de la misión y su impacto en los resultados. Como veíamos anteriormente, los estudios que empiezan a poner en evidencia el fracaso de la misión (Pearce & David, 1987, 112) son contemporáneos a la obra de JAPL, pero los que demuestran de forma empírica las condiciones para su desarrollo efectivo (Bart y Baetz, 1998, 823-853 y Bart et a., 2001, 19-34) son posteriores a su obra. Es importante resaltar esta cuestión pues su modelo, aunque es consistente con las investigaciones de Bart y Baetz, no fue concebido a raíz de sus conclusiones, sino que emana de lo que el autor defiende como una concepción antropológica de la organización. Lo interesante en cuanto a la teoría de JAPL es que, a la luz de dichos descubrimientos posteriores, su teoría cobra un mayor interés puesto que, como veremos, ofrece lo que parece puede ser un planteamiento de misión con mayor capacidad para impactar en el comportamiento de los empleados y los resultados de la empresa.

3.2 El modelo antropológico de la organización

Tal y como define JAPL, y siendo ésta una de las pocas definiciones existentes en su teoría, "una organización humana es un conjunto de personas cuyos esfuerzos –acciones- se coordinan para conseguir un cierto resultado u objetivo que interesa a todas ellas" (JAPL, 1993, 14).

La explicación del funcionamiento de la organización, según JAPL, puede hacerse desde tres diferentes perspectivas: mecánica, psicosociológica y antropológica. De hecho, "las diversas teorías que se han formulado para explicar el funcionamiento de las organizaciones humanas, a pesar de su aparente diversidad, responden en el fondo a estos tres paradigmas" (JAPL, 1993,76):

Perspectiva Mecánica: consiste en ver la empresa como una "máquina" que debe ser gestionada de forma "científica" mediante lo que podríamos llamar el "racionalismo" de la planificación y control.

Perspectiva Psicosociológica: consiste en ver la empresa como "organismo vivo", con iniciativa y creatividad, que requiere una gestión basada en el rendimiento y desarrollo de las capacidades de las personas.

Perspectiva Antropológica: consiste en ver la empresa como una "organización social", con fines y valores propios, cuya gestión debe crear una cultura capaz de lograr el compromiso e identificación de sus miembros.

Cada una de estas tres perspectivas es abordada en la teoría de JAPL mediante la descripción de sus elementos principales que veremos a continuación. Dado que estas perspectivas representan "las diversas teorías que se han formulado para explicar el funcionamiento de las organizaciones humanas" (JAPL, 1993,76), nos parece adecuado no limitarnos a presentar simplemente sus conceptos. Previamente a la exposición de cada perspectiva realizaremos, a modo de contextualización, una breve introducción histórica con algunas de las principales aportaciones y teorías clásicas del management que vemos relacionadas con cada una de ellas.

Perspectiva mecánica

A finales de siglo XIX y principios del XX surgieron numerosas iniciativas y teorías basadas en el "racionalismo" conocidas como *Scientific Management*. Las principales aportaciones fueron las realizadas por el sociólogo alemán Max Weber y el ingeniero americano Frederic Taylor. Weber afirmó que la burocracia era la forma de organización humana más eficiente y, en la misma línea, Taylor demostró que la actividad de las personas podía ser estudiada de forma sistemática, y dividida en sus partes elementales. Para Taylor (1915), la gestión de una empresa se basaba fundamentalmente en la planificación y control de actividades. La tarea de cada trabajador debe estar completamente planificada y cada persona ha de recibir instrucciones escritas describiendo al minuto los detalles del trabajo que debe desempeñar, así como los medios a utilizar para conseguirlo.

Las ideas de Taylor recorrieron el mundo entero durante la primera mitad del siglo XX llegando a Europa a través de expertos como Urwick en Inglaterra o Fayol en Francia. Fayol (1949, 6), concretamente, elaboró una definición que refleja muy bien el pensamiento de sus contemporáneos: gestionar es planificar, organizar, mandar, coordinar y controlar".

A partir de estos presupuestos teóricos, a lo largo del siglo XX se han desarrollado diversos sistemas de gestión. De entre los ejemplos más extendidos que han llegado hasta nuestros días, podemos destacar los sistemas presupuestarios, la descripción de puestos de trabajo, los modelos de planificación estratégica de los años 70', o la reingeniería de procesos de los 90'.

Según esta perspectiva, gestionar una empresa consiste en asegurar el éxito de la estrategia, su adecuada implantación a través de unos determinados procesos (manuales, procedimientos, políticas, normas,...), y una eficiente gestión de recursos (ingresos, capital propio, endeudamiento, gastos, capital circulante e inversión). De la adecuada gestión de estos tres elementos depende el nivel de beneficio, rentabilidad y saneamiento financiero, y la capacidad para emprender nuevas estrategias futuras. Esta es una forma simple y directa de entender la empresa que, durante décadas, ha constituido la base de técnicas y modelos de gestión.

En la teoría de JAPL esta perspectiva de la empresa, denominada mecanicista, está representada por tres conceptos básicos:

Estructura formal: representa a las personas o elementos de la organización a través de las funciones o roles que les son asignados a cada una de ellas.

Sistema formal: determina la coordinación de las acciones (o de las decisiones) de los elementos de la estructura formal.

Estrategia: determina la acción concreta que ha de ser realizada en las circunstancias del entorno en que opera la organización.

En definitiva, el paradigma mecanicista contempla la realidad de las organizaciones a través del siguiente esquema básico (ver figura 7):

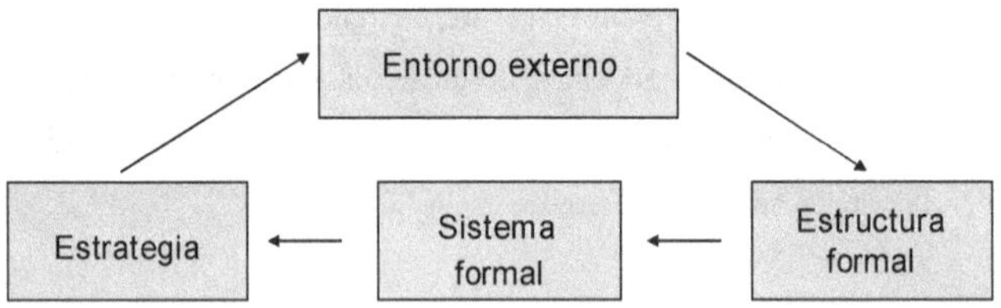

Figura 7. Paradigma mecanicista de la organización.

Perspectiva Psicosociológica

En los años 30", posteriormente a las teorías de Taylor y Weber, el psicólogo americano de Harvard Elton Mayo realizó diversos estudios sobre la influencia de ciertos factores externos en la productividad de las personas. El ejemplo más conocido, es el estudio de la influencia de la luz en el centro de producción de Hawthorne de la Western Electric. Los experimentos de Mayo abrieron una nueva línea de investigación y desarrollo, basada en la psicología, que considera a las personas como el principal elemento determinante del éxito de una empresa.

En la misma línea, una de las mayores aportaciones tras la segunda Guerra mundial es la doble teoría, X e Y, de Douglas McGregor (1960). La primera afirma que el trabajador es perezoso y necesita ser controlado constantemente; la segunda sostiene que el trabajador es capaz de ser creativo e innovar y que, de forma natural, busca asumir responsabilidad. A través de estas dos teorías, Mc Gregor puso en duda que la plantificación y control fuera el factor determinante del éxito de la empresa.

A lo largo de la segunda mitad de siglo XX esta perspectiva de la empresa ha ido otorgando una mayor relevancia al papel de los recursos humanos. Ello se debe a que, si bien una parte la actividad humana puede ser planificada y controlada, como proponen las teorías mecanicistas (actividad formal), la gran parte del trabajo que realizan las personas está cada vez más basado en la iniciativa y creatividad, y requiere un mayor grado de implicación personal (actividad cualitativa o informal).

La perspectiva orgánica incorpora a la gestión de empresas la iniciativa y creatividad de las personas lo que supone una realidad del contexto organizativo más rico, pero a la vez más complejo. Como respuesta a la necesidad de gestión de entornos más complejos surgen los sistemas de gestión modernos. Una de las primeras propuestas de sistema de gestión es la dirección por objetivos *(DPO),* introducida por Peter Drucker (1954) e implementada en numerosas empresas como un proceso donde los directivos identifican sus objetivos comunes, definen para cada individuo las principales áreas de responsabilidad en términos de los resultados que se esperan de él, y usan estas medidas como guía operativa y para evaluar la contribución de cada uno de los miembros de la organización (Odiorne, 1965, 56).

En esta perspectiva, el trabajador se desenvuelve en un contexto definido por unos objetivos de su responsabilidad, asumiéndolos como retos y desarrollando una actitud proactiva hacia la consecución de los mismos. De este modo, los directivos pueden concentrar sus esfuerzos en aquellas pocas actividades que son capaces de producir resultados de negocio significativos (Drucker, 1964).

En la teoría de JAPL (1993, 92-103) esta perspectiva de la empresa, denominada psicosociológica, está representada por tres conceptos básicos:

Estructura real: "representa las características personales de los miembros de la organización" (que también podemos considerar como el talento).

Estilos de dirección: "representa el modo concreto de actuación por el que las personas orientan su acción no-formalizada y la coordinación que resulta –en el plano no formalizado- como consecuencia de ese modo de actuar".

Objeto de la organización: "representa todo aquello que las personas hacen en la organización, es decir, el producto o servicio que elaboran conjuntamente", donde por "producto o servicio" se entiende lo que la empresa ofrece a sus clientes, pero también puede interpretarse de forma más amplia como veremos más adelante.

En la teoría de JAPL, estos tres conceptos complementan los de la perspectiva mecanicista, tal y como se presenta a continuación (ver figura 8).

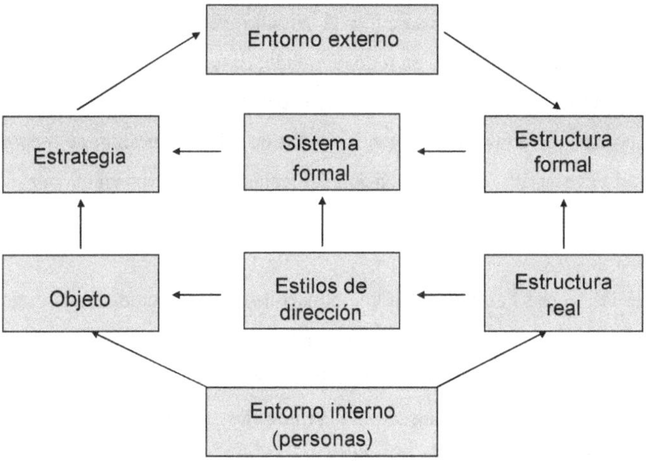

Figura 8. Paradigma psicosociológico de la organización

Perspectiva antropológica

Al principio de los años 80', tras una década marcada por la crisis del petróleo, los malos resultados y el incremento de la competencia global, el mundo empresarial buscaba nuevas ideas y soluciones. Entre las diferentes corrientes de management que surgieron en la época, tres obras lograron captar la atención de gran parte del mundo empresarial y académico: "En búsqueda de la excelencia" de Peters y Watterman (1982), "Teoría Z" de Ouchi (1981) y "The art of Japanese Management" de Pascale y Athos (1981). Todas ellas se convirtieron en *best sellers* y ejercieron una gran influencia que ha llegado hasta nuestros días. "En búsqueda de la excelencia" sigue siendo en la actualidad uno de los libros de management más vendidos de la historia.

Estos y otros libros, basándose en el estudio de las características de las principales empresas de éxito en todo el mundo, desvelaron una realidad que dejó perpleja a una gran parte del mundo empresarial. La clave del éxito duradero no reside en unas determinadas estrategias o en una eficiente gestión de recursos; la clave del éxito reside en una dimensión del management desconocida por muchos hasta la fecha: la dimensión institucional (o dimensión antropológica).

Aunque las teorías de la empresa que desarrollan en profundidad esta dimensión corresponden a nuestra época, anteriormente, algunos autores habían escrito ya sobre su relevancia. El más notable de ellos es probablemente Barnard (1938, 86-89) que defendió, como una de las principales funciones del ejecutivo, el formular, definir e inculcar un propósito común que dé sentido a la organización. Esta forma de entender la empresa fue vivida y practicada por algunas empresas como HP, J&J, GE o IBM. Sin embargo, la dimensión institucional empezó a cobrar verdadera relevancia en la literatura del management a partir de los años 80'.

En esta perspectiva, la empresa es algo más que una máquina, o un conjunto de personas con iniciativa y creatividad: es una institución social, con una identidad propia, caracterizada por unos fines y valores compartidos por los miembros de la organización.
Esta perspectiva busca generar lo que podríamos llamar "ownership" o sentido de pertenencia (lo que en el la teoría de JAPL viene representado por el concepto de *unidad)*.

En la teoría de JAPL (1993, 110-115) esta perspectiva de la empresa, denominada antropológica, está representada por tres conceptos básicos:

Misión externa: "representa aquellas necesidades reales que una organización busca satisfacer a través del *producto o servicio* que llamamos acción organizacional. La misión externa incluye la satisfacción de las necesidades de las personas que desempeñan la función de *consumidores*, y en cuanto desempeñan dicha función".

Valores de la dirección: "incluyen lo que la organización entiende por necesidades reales a la hora de tomar decisiones y el peso que se le da a cada una de esas necesidades en la decisión (cuál se sacrifica y en qué grado para satisfacer otra u otras)".

Misión interna: "representa aquellas necesidades reales que la organización busca satisfacer en los participes de la organización en cuanto son *productores*". "La misión interna, por consiguiente, se refiere al desarrollo de la motivación por motivos intrínsecos y trascendentes en sus participes", una cuestión que explicaremos más adelante.

En la teoría de JAPL, estos tres conceptos son los que generan la unidad de la organización, entendida como el grado de confianza entre los partícipes de la misma. A su vez, estos conceptos complementan los dos paradigmas anteriores, como se presenta a continuación (ver figura 9).

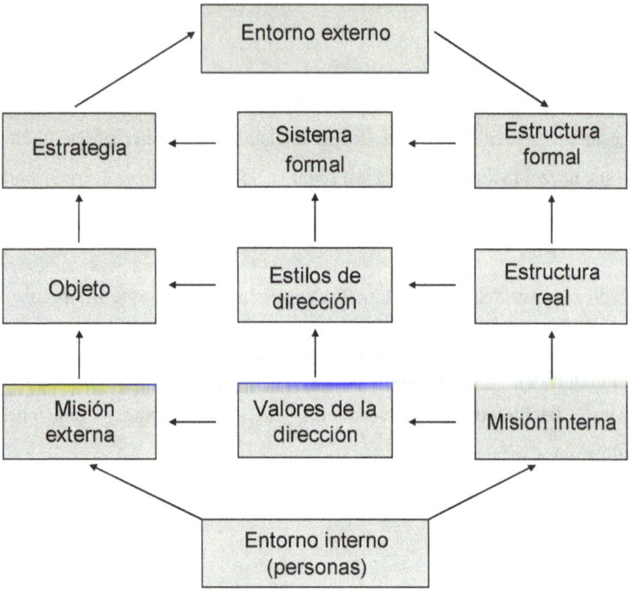

Figura 9. Paradigma antropológico de la organización

Como puede verse, en la teoría de JAPL la misión y los valores aparecen como el fundamento de la organización. Esta forma de entender la misión es común entre los expertos de misión como Drucker, Pearce o Campbell, sin embargo, en ninguno de estos autores se explica de manera tan detallada y concreta este hecho como en la teoría de JAPL. En el modelo de JAPL, tal y como indican el sentido de las flechas -que van de abajo arriba y de derecha a izquierda-, la misión interna es el origen, tanto de los valores, como de la misión externa y, a su vez, estos tres conceptos son el fundamento del resto de los elementos de la organización.

Es en esta perspectiva antropológica donde las motivaciones trascendentes, que pasaremos a explicar a continuación, juegan un papel fundamental para el conjunto de la organización.

3.3 La motivación trascendente o motivación prosocial en la organización

Vamos a ver ahora en qué consiste la motivación trascendente a la que venimos haciendo referencia, cuestión que ahora explicaremos en el contexto de la organización pero que, más adelante, en la segunda parte de esta tesis, explicaremos en el contexto de las principales teorías de la motivación.

La motivación trascendente, al menos como energía potencial, es un impulso bastante común en los seres humanos (JAPL, 1993, 37). Es una motivación inducida por las consecuencias que la acción de una persona puede tener en la satisfacción de las necesidades de otra u otras personas (JAPL, 1987, 10). Un tipo de motivación que trasciende a las necesidades del individuo y está centrada en las necesidades de "los otros". En el contexto de una organización, este tipo de motivaciones son frecuentes y pueden abarcar distintos ámbitos como pueden ser, por ejemplo, ayudar a un compañero en su trabajo, satisfacer las necesidades de un cliente o el interés por satisfacer determinadas necesidades de la sociedad.

La relevancia de este tipo de motivaciones en el contexto organizativo es debida a que, generalmente, la mayoría de acciones que se realizan en una organización –desde la cúpula hasta la base de la organización-, son acciones que impactan en otras personas y, por tanto, son susceptibles de ser realizadas por motivación trascendente. De hecho, aunque no sean las únicas motivaciones que induzcan el trabajo de las personas, al menos en potencia, las motivaciones trascendentes pueden contribuir enormemente a impulsar la mayoría de actividades que se realizan en la empresa. En el trabajo de un director general, de un directivo, de un mando medio o de un empleado de base, en tanto sus acciones impactan en "los demás", la motivación trascendente puede ser un fuerte impulsor de sus actividades diarias.

Podríamos decir, por tanto, que las motivaciones trascendentes son una enorme fuente de energía potencial que puede contribuir a impulsar la actividad de la organización. Ahora bien, esta realidad que, de forma intuitiva, es relativamente fácil de percibir, sólo puede comprenderse de manera analítica cuando se contempla la organización desde una perspectiva antropológica. Es decir, cuando a nivel conceptual se concibe la organización como una institución que tiene por finalidad la satisfacción de necesidades humanas. Este es el motivo por el que, bajo las perspectivas mecanicistas o psicosociales, no es posible entender de forma analítica el papel fundamental que desempeñan las motivaciones trascendentes en el desarrollo de la actividad de una organización. Y el motivo principal por el que este tipo de motivación apenas ha sido considerado en la literatura del management.

La motivación trascendente, a pesar de ser (al menos en potencia) uno de los principales pilares de la motivación que impulsa la actividad de una organización, ha permanecido "oculta" a los modelos analíticos de la organización. De hecho, en el campo del management, tan sólo hemos encontrado algunos estudios recientes de Grant (2007a; 2007b; 2008a; 2008b; 2011), Grant & Sonnentag (2010), Grant & Gino (2010) y Grant & Berry (2011) que hacen referencia a este tipo de motivación bajo los términos *motivación prosocial*. La motivación prosocial se corresponde en su esencia con la motivación trascendente, pues ambas son la motivación de las personas por satisfacer las necesidades de "los otros" –que Grant llama "beneficiarios"-. Ahora bien, aunque el concepto es el mismo, existe al menos una diferencia significativa en la forma en que JAPL y Grant analizan el mismo concepto en el contexto de la organización. En las investigaciones de Grant el objeto de la motivación prosocial son las necesidades de los beneficiarios directos del trabajo, fundamentalmente clientes y compañeros de trabajo (Grant, 2011, 81). Sin embargo, en los desarrollos de JAPL se contemplan las necesidades de los “otros” de forma más amplia, ligadas a la misión de la empresa. Es decir, además de considerar a los clientes y empleados, pueden incluir otro tipo de posibles “beneficiarios” como pueden ser los accionistas, proveedores o la sociedad en general.

En esta investigación, de cara a utilizar una terminología más adecuada a la literatura más reciente sobre este tipo de motivaciones, vamos a emplear aquí la denominación de motivación prosocial de forma equivalente a la de motivación trascendente. Ahora bien, es importante indicar que, cuando hablemos de motivación prosocial, lo haremos bajo una consideración de “beneficiarios” más amplia de la considerada por Grant en sus investigaciones.

Una vez explicado en qué consiste la motivación trascendente, o prosocial, y su papel en la organización, vamos a ver a continuación una aplicación concreta de estos conceptos mediante la utilización de lo que llamaremos las claves interpretativas de la teoría de JAPL.

3.4. Claves interpretativas de la teoría de JAPL

Lo interesante del paradigma antropológico de la organización de JAPL no es sólo su mayor o menor bondad como explicación abstracta sobre lo qué es una organización. Lo más interesante para esta investigación es la forma en que aborda el tema de la misión como fundamento de la organización y lo que aporta de nuevo y diferencial sobre otros planteamientos. Esta aportación diferencial consiste en ver la misión bajo dos vertientes -interna y externa- unidas por los valores como síntesis de ambas vertientes. De hecho, estos son los aspectos en los que vamos a centrarnos, contrastándolos con el marco teórico de la misión que vimos anteriormente. Ahora bien, como hemos anunciado más arriba, las aportaciones que realiza la teoría de JAPL pertenecen al plano abstracto y para poder contrastarlas con otras teorías que no estén desarrolladas en el mismo plano, requieren de una interpretación en el plano concreto. Esto es lo que haremos a continuación mediante lo que llamamos "claves interpretativas", que describen la forma en la que vamos a realizar dicha interpretación.

Para explicar en qué consisten estas claves interpretativas es necesario hacer referencia previa al esquema que establece la relación entre la organización y sus partícipes, expuesto por JAPL al inicio de su teoría (ver figura 10).

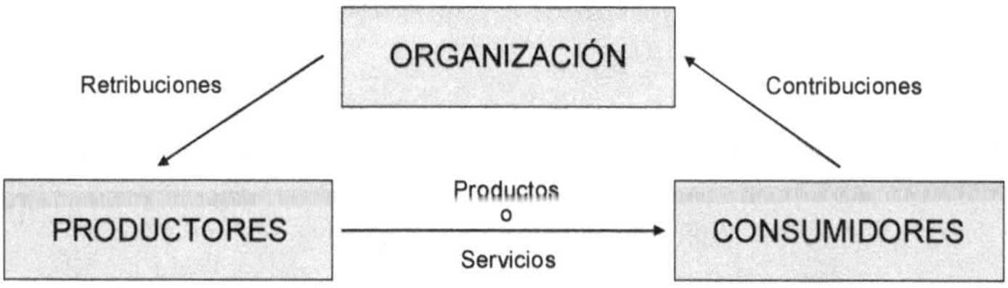

Figura 10. Esquema abstracto de la coordinación entre la organización y sus partícipes

Este esquema, presentado por su autor como el mínimo conceptual (o el de mayor grado de abstracción), viene definido por dos tipos de partícipes –productores y consumidores- y el resultado de su interacción con la organización. Estos dos tipos de partícipes son los que se contemplan tanto en la misión interna como en la externa. Los consumidores están considerados en la misión externa y los productores en la interna.

Ahora bien, conviene aclarar que lo que JAPL presenta como, "*productores*", "*consumidores*", "*productos o servicios*"... no son exactamente lo que comúnmente se entiende por dichos conceptos. Se trata de conceptos abstractos que, en el plano concreto, cobran distintos significados según el tipo de organización de la que se trate (una empresa, un equipo deportivo, una organización política,...). Además, incluso aplicando este esquema a un tipo concreto de organización, como puede ser la empresa y sus partícipes, cada uno de sus elementos cobra también un significado distinto según las particularidades de sus partícipes. Esto es debido a que cada partícipe será considerado como miembro de la organización en función de sus intereses o motivaciones con respecto a los fines que persigue la misma[71]. Por ejemplo, el accionista, si está comprometido con la empresa, formará parte de la organización como "productor", pero si se trata simplemente de un inversor al que sólo le importa su retribución, será considerado como "consumidor". Y esto mismo, o similar, ocurre con los clientes, empleados, y otros tantos partícipes de la organización[72]. De hecho, de todo el esquema, el único concepto que está expresado de forma concreta y que no es necesario interpretar, es el de "organización", que viene definido como enunciábamos anteriormente.

[71] Puesto que recordemos que, según JAPL (1993, 14), "una organización humana es un conjunto de personas cuyos esfuerzos -acciones- se coordinan para conseguir un cierto resultado u objetivo queinteresaatodasellas".

[72] Por ejemplo, bajo el concepto "*consumidores*", no sólo están los clientes sino que también pueden estar, aunque no necesariamente, otros partícipes como los accionistas o los mismos empleados. Lo mismo ocurre con los "*productos o servicios*" que no son sólo lo que la organización ofrece a los clientes, sino que también puede recoger lo que la organización ofrece a otros partícipes (como accionistas, empleados o incluso la propia sociedad). De la misma forma el término "organización" no sólo se refiere a los propios empleados de la empresa sino que puede incluir a clientes, accionistas, etc... De hecho, lo que determina "quién es quien" en este modelo es el tipo de motivación que cada partícipe tiene con respecto a los fines de la organización (ver Alcázar, 2008, 47-51).

No vamos a profundizar en este aspecto que puede verse bien explicado en los desarrollos de Alcázar (2008, 47-51). Baste con indicar que, debido a la naturaleza teórico-abstracta de este esquema, los conceptos que JAPL presenta como *misión interna, misión externa y valores* son difíciles de comparar con las definiciones de misión de otros autores.

Ahora bien, dado que lo que pretendemos hacer aquí es contrastar la teoría de JAPL con otras teorías sobre la misión empresarial, vemos conveniente interpretar su esquema fundamental -de donde nacen los conceptos abstractos de su teoría- con un mayor grado de concreción. Para ello, vamos a realizar, en el plano concreto, exactamente lo opuesto a lo que JAPL realiza en un plano abstracto. Si en la propuesta de JAPL se busca el "esquema mínimo que permite conceptualizar" la coordinación entre la organización y sus partícipes, el esquema que presentaremos a continuación, busca la descripción más genérica de dicha coordinación. Dicho de otro modo, JAPL presenta la máxima abstracción mientras que nosotros vamos a presentar la mínima concreción[73]. Este es el punto donde, en nuestra opinión, los dos planos –concreto y abstracto- se unen, y que permite que los conceptos abstractos de la teoría de JAPL puedan ser interpretados concretamente en la empresa de la forma más genérica posible.

---

[73] Aunque aquí decimos que el esquema de JAPL representa la máxima abstracción, propiamente tendríamos que decir que es la máxima semi-abstracción, puesto que uno de sus conceptos –organización- se expone en un plano concreto. Dicho de otra forma, habiendo definido JAPL el concepto organización de forma concreta y dejando "indefinido" el concepto *partícipes* de forma abstracta, su esquema presenta la máxima abstracción posible sobre la relación entre ambos. De hecho, este el motivo por el que el concepto *partícipes* se desdobla en dos *–productores y consumidores-* pues si no, el esquema mínimo conceptual no requeriría dicha distinción y tendría simplemente dos conceptos *–organización y partícipes-*. Y este el motivo, a su vez, por el que la mínima concreción posible que presentamos en la figura once, tiene dos elementos y no tres. Entendiendo esta limitación de nuestro esquema, podríamos decir que las claves interpretativas que estamos utilizando suponen una cierta simplificación de su modelo, simplificación que a nuestro entender se hace necesaria para poder abordar el objetivo que nos hemos propuesto en este capítulo.

El esquema simple que utilizaremos representa la relación entre la empresa y sus stakeholders, y el resultado de la interacción entre ambos (ver figura 11):

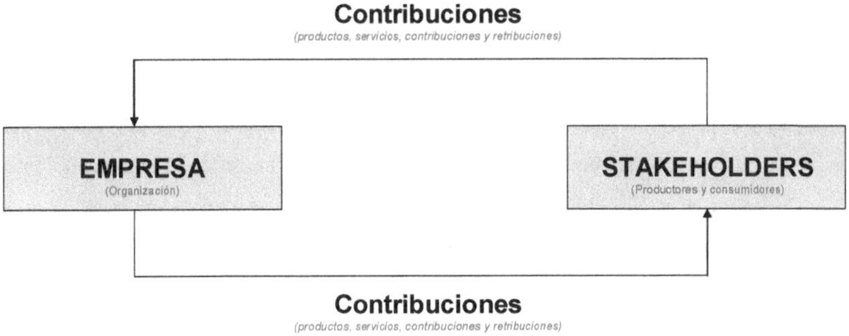

Figura 11. Esquema concreto de la coordinación entre la empresa y sus stakeholders

A modo de aclaración, debajo de cada elemento –empresa, stakeholders y contribuciones- se recogen los conceptos abstractos del esquema de JAPL con los que está relacionado. Ahora bien, esto no debe llevar a pensar que los esquemas de las figuras 10 y 11 puedan ser equivalentes. Si bien el esquema de JAPL permite el desarrollo posterior de toda su teoría, el esquema concreto que presentamos no lo permite en absoluto, puesto que su grado de descripción es el mínimo. Esta forma de proceder es coherente con lo que pretendemos hacer aquí, puesto que nuestro objetivo no es profundizar o establecer desarrollos sobre la teoría de JAPL, sino todo lo contrario[74]. Lo que vamos a realizar es una síntesis, a un nivel de concreción menor, de los conceptos *misión interna*, *valores de la*

[74] Ahora bien, si lo que se pretende es utilizar un esquema que ayude a la interpretación de la teoría de JAPL en toda su complejidad, lo propio no será utilizar un esquema tan simple como este sino, al contrario un esquema más completo y desarrollado también en el plano teórico. Como un buen ejemplo de este tipo de esquemas complejos recomendamos el presentado por Bastons (2000, 180).

dirección y *misión externa*, utilizando como claves interpretativas las que describen la relación de la empresa con sus stakeholders de la forma más genérica posible.

El propio esquema concreto que presentamos en la figura once, dado que es la concreción mínima posible, es autoexplicativo, pero quizá convenga aclarar que las contribuciones que van de la empresa a los stakeholders y viceversa pueden ser tanto positivas como negativas. Por ejemplo, en el caso de la interacción entre la empresa y sus clientes, lo habitual será que las contribuciones en los dos sentidos sean positivas. Ahora bien, también es posible que la contribución de la empresa a un cliente pueda ser negativa, por ejemplo, si el producto que le vende es defectuoso.

Una vez vistas las claves que utilizamos para la interpretación de la teoría de JAPL, vamos a enunciar una definición simplificada, o sintética, de los conceptos "misión interna", "valores de la dirección" y "misión externa" que, por todo lo expuesto, es aplicable a todo tipo de organizaciones empresariales.

- **Misión externa** es la contribución que la empresa busca realizar a determinados stakeholders como pueden ser, por ejemplo, el servicio al cliente, la retribución al accionista, el desarrollo de los empleados, una determinada contribución a la sociedad, etc…

- **Valores de la dirección** son los criterios para la toma de decisiones que determinan cuáles son las contribuciones que deben ser tenidas en cuenta en la misión externa y la forma en que deben realizarse. Valores de la dirección pueden ser, por ejemplo, la calidad, la excelencia o la ética.

- **Misión interna**[75] es el desarrollo de la motivación trascendente o prosocial en determinados stakeholders ligada al desarrollo de las contribuciones establecidas en su misión externa. Lógicamente, en primer lugar, se buscará el desarrollo de dichas motivaciones en los propios empleados de la empresa, pero también puede buscarse en otros stakeholders como son, por ejemplo, los proveedores, accionistas o incluso clientes[76].

3.5 Aportaciones de la teoría de JAPL al marco teórico de la misión

No es difícil darse cuenta de que los tres conceptos que componen la dimensión antropológica de la organización -misión externa, valores de la dirección y misión interna- están relacionados con lo que comúnmente, en la teoría y en las empresas, se entiende por misión y valores. De hecho, existen numerosas convergencias entre el concepto de misión de JAPL y el resto de la literatura existente. Ahora bien, en la teoría de JAPL hay diversas aportaciones específicas que vamos a poner de manifiesto a continuación, contrastándolas con el marco teórico de la misión que veíamos en el primer capítulo.

---

[75] Con respecto a la definición de misión interna que vamos a utilizar aquí conviene hacer dos aclaraciones importantes. La primera es que cuando hablamos aquí de "motivación" hacemos referencia tanto a los "impulsos" como a los "motivos", designando 'el fenómeno motivacional en su conjunto' tal y como propone Vélaz (1996, 34). La segunda es que, aunque JAPL incluye en el concepto misión interna tanto las motivaciones intrínsecas -ligadas al objeto de la organización- como las trascendentes -ligadas a la misión externa-, nosotros vamos a incluir sólo las trascendentes, entendiendo que la motivación intrínseca es un factor relacionado con la motivación trascendente pero que no constituye un factor endógeno a la misión (de igual forma que tampoco lo constituye el objeto de la organización).

[76] Un ejemplo de desarrollo de la misión interna en otros stakeholders además de los empleados lo podemos encontrar, entre otros ejemplos cada vez más numerosos, en las empresas de energía cuando intentan inculcar en sus clientes o en sus proveedores algún aspecto de su misión, como puede ser el cuidado del medio ambiente o el consumo responsable de energía.

Como veíamos en el primer capítulo, el concepto misión -comúnmente entendido como la "razón de ser" o el "para qué" de la organización- ha sido abordado desde tres perspectivas básicas: la misión como respuesta a ¿cuál es nuestro negocio?, la misión como la contribución a determinados stakeholders –que incluye la anterior y otras contribuciones a clientes, accionistas, empleados, etc...- o la misión como un conjunto amplio de elementos –que además de los conceptos anteriores, puede incluir también los valores, la visión, etc...-. Entre estas tres categorías, podemos decir que la misión externa de JAPL se puede considerar como perteneciente a la segunda perspectiva, es decir, como contribución a los stakeholders[77]. De hecho, se puede decir que el concepto de misión externa puede ser equivalente al defendido por numerosos autores y expertos de la misión como Pearce (1982, 22) o Senge (1998, 16-22).

Ahora bien, en esta categoría sólo se encuentra lo que hace referencia a la misión externa. La misión interna, que representa el desarrollo de la motivación trascendente en determinados stakeholders ligada al desarrollo de las contribuciones establecidas en su misión externa, es una aportación original y específica de la teoría de JAPL. Esta forma de entender la misión, formada por dos vertientes que definen la esencia de la misma, es algo que no ha sido considerado en el marco teórico existente.

[77] A este respecto, según JAPL la misión debe contemplar aquellas contribuciones que vienen definidas por los valores de la dirección y no simplemente las contribuciones "en general", siendo los valores de la dirección los que determinan "lo que la organización entiende por necesidades reales" JAPL (1993, 114). La misión contempla por tanto unas contribuciones específicas y a unos stakeholders determinados. Esto lleva a que si, por ejemplo, los valores establecen que se debe buscar el bien del cliente, no se pueden considerar en la misión contribuciones que representen un obstáculo para la satisfacción de necesidades más profundas (del plano cognoscitivo y afectivo), o dicho de otro modo, aquello que no sea bueno para ellos. Este sería el caso, por ejemplo, de no suministrar fármacos a alguien que quiera drogarse con ellos.

Otra cuestión sobre la que existe convergencia entre la teoría de JAPL y algunos expertos de la misión es considerar misión y valores como dos conceptos distintos. Como veíamos anteriormente, varios autores incluyen los valores como parte de la misión -como por ejemplo Want (1986, 50) o Campbell &Nash, (1992, 14-27)- pero otros, como Anderson (1997, 37) o Dessler (1999, 59), consideran que estos dos conceptos son distintos. El concepto de JAPL "valores de la dirección", sería convergente con esta segunda postura, es decir, misión y valores son dos conceptos distintos.

Ahora bien, en relación a esta distinción, la teoría de JAPL hace una aportación específica aclarando que misión y valores son dos conceptos distintos pero interdependientes. Como podemos ver en el modelo de JAPL (figura 9), esta relación de interdependencia tiene dos vertientes. Por un lado, los valores determinan cuáles son las contribuciones que deben ser tenidas en cuenta en la misión externa y la forma en que deben realizarse. Y por el otro, la misión interna influye en el desarrollo de los valores de la organización. De esta forma, el "para qué" influye en el "cómo", pero a su vez, el "como" influye también en el "para qué". Esta forma de ver los valores, como la síntesis entre la misión interna y externa de la organización, es original y distintiva de la teoría de JAPL y ofrece una visón original sobre la relación entre misión y valores que no hemos hallado abordada en ninguno de los expertos de la misión a los que venimos haciendo referencia.

3.6 Conclusión: Recomendaciones para el re-diseño del marco teórico de la misión

Las aportaciones específicas de la teoría de JAPL con respecto al marco teórico de la misión que acabamos de resaltar no son sólo un complemento interesante a la literatura existente. El principal interés de estas aportaciones, en lo referente a esta investigación es que, en nuestra opinión, esta "nueva" forma de entender la misión invita a una re-definición del marco teórico existente en cuanto a lo que debe entenderse como la misión de la empresa. Una redefinición que, en relación a lo considerado en este capítulo, debe seguir la siguiente consideración:

La misión debe ser considerada bajo dos vertientes complementarias, la externa – que se refiere a las contribuciones- y la interna –que se refiere a las motivaciones trascendentes o prosociales por realizar dichas contribuciones-.

Comúnmente, la misión ha sido entendida bajo la vertiente externa y como una herramienta o declaración formal de intenciones. De hecho, en ninguno de los principales autores el desarrollo de la motivación es considerado como elemento o vertiente constitutiva del propio concepto de misión. Para JAPL, sin embargo, el desarrollo de la motivación trascendente (misión interna) forma parte de la misión en sí misma. La misión interna no es, por tanto, un añadido al concepto de misión, una característica o consecuencia, sino que forma parte de la esencia del concepto misión, sin la cual podríamos decir que no existe misión o, como preferimos decir aquí de forma menos severa, que la misión es incompleta.

El hecho de incluir la misión interna como vertiente constitutiva y esencial de la misión hace que el concepto de misión cobre un nuevo significado. La teoría de JAPL nos invita a considerar como parte de la misión de la empresa el desarrollo de las motivaciones que dan sentido al trabajo específico de las personas. La misión, por tanto, no consiste únicamente en realizar determinadas contribuciones, sino también en *desarrollar* las motivaciones. De esta forma las empresas, al desarrollar la misión, deben hacerlo en sus dos vertientes –contribuciones y motivaciones- y se incrementan las posibilidades de que la misión, al estar representada tanto en la acción como en la motivación, impacte positivamente en el compromiso y en el comportamiento de los empleados.

Hablar de la misión y referirse a ella sólo bajo la perspectiva de la misión externa (sin incluir la interna) debe verse, por tanto, como una simplificación incorrecta del concepto misión. Llevando esta afirmación a la práctica no sería correcto decir, por ejemplo, que la empresa "tiene la misión de satisfacer las necesidades del cliente", sino, que además la empresa "tiene la misión de conseguir que los empleados estén motivados por satisfacer las necesidades del cliente". De hecho, que una empresa satisfaga en cierto grado las necesidades del cliente –condición necesaria sino quiere verse fuera del mercado- no significa que realmente esa sea su misión. Tan sólo será realmente su misión en la medida en que los miembros de la organización tengan motivación trascendente por satisfacer dichas necesidades. Otra consecuencia de esta forma de entender la misión –quizá la más importante desde el punto de vista práctico-, es que una empresa no puede decir que tiene una misión mientras esa misión no esté realmente ligada a las motivaciones de sus trabajadores.

Bajo esta perspectiva, la "razón de ser" de la empresa no es sólo lo que la empresa hace, sino lo que mueve o motiva a sus miembros a hacer lo que hacen. De hecho, la misión puede existir incluso cuando las personas no hayan empezado a realizar actividad alguna. Este sería el caso, por ejemplo, de la fase de creación de una empresa donde los que la crean pueden tener claro para qué quieren constituirla y sentirse altamente motivados por ello, aunque de hecho todavía no estén realizando ninguna contribución a sus stakeholders.

De igual forma, el hecho de que una empresa tenga una misión externa formalmente definida y publicada, incluso aunque haya conseguido que todos sus miembros se la sepan de memoria, no implica necesariamente que esa empresa tenga una misión. Por muy noble que sea la actividad de una empresa, como puede ser el caso de una farmacéutica que busca la salud de sus clientes, si las personas de la organización sólo tienen motivación por ganar dinero y eso es lo único que quieren conseguir, difícilmente se puede decir que la empresa tiene como misión la salud de sus clientes. Este ejemplo, sin embargo, es realmente un extremo difícil de encontrar en la práctica puesto que, por lo general, las personas

suelen tener un cierto grado mínimo de desarrollo de motivaciones transcendentes. La cuestión es en qué grado tienen esas motivaciones.
En resumen a esta primera parte de la tesis, mediante el estudio de la literatura existente y el análisis crítico de la misión en la teoría y en la práctica, hemos establecido un conjunto de siete recomendaciones principales, formado seis recomendaciones prácticas y una recomendación teórica, que son:

Recomendaciones prácticas

1. Asegurar en el proceso de definición e implementación de la misión de la empresa que existe un verdadero compromiso con el mismo por parte de los órganos de gobierno de la empresa.

2. Centrar el contenido de la misión en la contribución a determinados stakeholders cubriendo, como mínimo, lo que podemos llamar los tres stakeholders principales de la empresa: clientes, accionistas y empleados.

3. Ampliar las metodologías existentes para la definición y comunicación de la misión con procesos de despliegue de la misión a lo largo de las diferentes divisiones y departamentos de la empresa.

4. Desarrollar la misión como una variable cuantitativa, es decir, definiendo y comunicando, además de la declaración de misión, su grado de evolución a lo largo del tiempo.

5. Reforzar la implementación de la misión mediante metodologías que faciliten y aseguren la integración y alineamiento de la misión en los sistemas de gestión.

6. Incluir en las metodologías para la definición de la misión mecanismos que aseguren su revisión cada cierto periodo de tiempo.

Recomendación teórica

Realizar una re-definición del concepto misión comúnmente utilizado en la literatura considerando, como parte constitutiva y esencial del mismo, las motivaciones trascendentes de los miembros de la empresa (que a continuación llamaremos motivaciones prosociales).

En la segunda parte de esta tesis, vamos a centrar nuestra atención en el estudio empírico de nuestra recomendación teórica, analizando en qué medida es viable y relevante desde el punto de vista práctico y, a continuación, en la tercera parte de la tesis, retomaremos las siete recomendaciones para elaborar en base a ellas una nueva propuesta conceptual y metodológica de la misión en la empresa.

PARTE II: INVESTIGACIÓN EMPÍRICA.

El efecto de la motivación prosocial en el fenómeno de la misión

Hasta aquí, hemos realizado una revisión crítica de la teoría y práctica de la misión en la empresa, a partir de la cual, hemos establecido un conjunto de siete recomendaciones, seis recomendaciones prácticas y una recomendación teórica. Las seis recomendaciones prácticas provienen del análisis crítico de la misión a partir de diversos estudios empíricos que existen en la literatura. Sin embargo, la recomendación teórica de *considerar las motivaciones prosociales de los miembros de la empresa como parte constitutiva y esencial de la misión,* proviene de un análisis conceptual. No hemos de olvidar que, hasta el momento, la forma en la que hemos llegado a la conclusión de que la motivación prosocial influye en el desarrollo de la misión ha sido puramente teórica. Concretamente, mediante la contrastación del marco teórico de la misión comúnmente utilizado con un marco teórico más amplio. Sin embargo, sobre la realidad empírica de la relación entre la motivación prosocial y la misión de la empresa, nada hemos dicho hasta el momento, al igual que nada hemos encontrado sobre el tema en la literatura existente.

En la segunda parte de esta tesis, nos vamos a centrar en el análisis empírico de esta propuesta en dos ámbitos:

- Análisis de viabilidad: vamos a ver en qué medida el desarrollo de las motivaciones prosociales es compatible con las tipologías clásicas de motivación –extrínseca e intrínseca-. Es decir, vamos a ver en qué forma nuestra recomendación es viable desde el punto de vista del fenómeno de la motivación en su conjunto.
  Empezaremos analizando esta cuestión desde la perspectiva de la motivación intrínseca y, a continuación, desde la motivación extrínseca.

- Análisis de relevancia: vamos a analizar si, desde el punto de vista práctico, nuestra recomendación de considerar las motivaciones prosociales como parte esencial de la misión, tiene influencia en el fenómeno de la misión, y si esa influencia es realmente significativa. Para ello, vamos a analizar en qué medida las motivaciones prosociales contribuyen al desarrollo del *compromiso de los empleados con la misión* de la empresa que, como ya hemos comentado, es la condición principal para el desarrollo de una misión efectiva.

En cuanto a la estructura de esta segunda parte, empezaremos exponiendo, de forma resumida, el marco teórico y las hipótesis de la investigación. Seguiremos con la exposición de la metodología y, finalmente, expondremos y discutiremos los resultados obtenidos.

CAPÍTULO 4.- PLANTEAMIENTO DE LAS HIPÓTESIS

Siguiendo con el objetivo de analizar la relevancia y viabilidad de nuestra propuesta de *considerar las motivaciones prosociales como parte esencial de la misión*, vamos a ver en este capítulo el planteamiento de las hipótesis de nuestra investigación. Empezaremos con una breve exposición de las principales teorías de motivación y su relación con la motivación prosocial y, a continuación, pasaremos a exponer los fundamentos y enunciados de las hipótesis de nuestra investigación.

4.1.- Motivación: principales teorías y motivación prosocial

El estudio de la motivación de las personas ha sido abordado desde diferentes perspectivas por numerosos investigadores. Una de las principales teorías sobre la motivación es la de Maslow (1954), que está fundamentada en una jerarquía de cinco tipos de necesidades humanas:

- Autorrealización
- Autoestima
- Sociales
- Seguridad
- Fisiológicas

Para Maslow, las motivaciones de un determinado nivel aparecen una vez se han cubierto las necesidades de un nivel inferior, siendo el nivel inferior las necesidades fisiológicas, y el nivel superior las necesidades de autorrealización.

En una línea similar, Herzberg (1966) realizó diversas investigaciones sobre las motivaciones humanas y diferenció dos tipos de factores que influyen en la motivación. El primer tipo corresponde a los factores *higiénicos*, que no generan motivación en sí mismos pero que, si no están cubiertos, generan insatisfacción. Estos serían por ejemplo, el sueldo o determinadas condiciones de trabajo. El segundo tipo corresponde a los factores propiamente *motivadores* y que son los que permiten el logro de altos grados de motivación en el trabajo. Estos serían, por ejemplo, la posibilidad de una promoción o el atractivo de la tarea encomendada.

Otro tipo de teorías acerca de la motivación es el que corresponde a las investigaciones de Mc Gregor (1966), cuya influencia perdura también hasta nuestros días. Mc Gregor distinguió entre dos tipos de factores que influyen en la motivación, los factores extrínsecos y los factores intrínsecos. Los extrínsecos son los que están relacionados con los niveles inferiores de Maslow, y son controlados "desde fuera" del individuo (incentivos, premios, castigos,...). Los intrínsecos están relacionados con los niveles superiores de Maslow, y se generan a partir de las satisfacciones internas que el propio individuo recibe por el mero hecho de realizar una actividad (el sentido del logro, la satisfacción, el aprendizaje,...).

JAPL (1993) a partir de la investigación sobre la teoría de sistemas (JAPL, 1991), y sobre la base de la distinción entre motivaciones extrínsecas e intrínsecas, realizó una innovadora aportación añadiendo al marco teórico existente el concepto de las motivaciones trascendentes que, siguiendo con la terminología utilizada por algunos estudios de la la literatura reciente, hemos llamado aquí motivaciones prosociales. Estas motivaciones se generan a partir de las satisfacciones internas que una persona recibe por el impacto que sus acciones tienen en la satisfacción de las necesidades de los otros. Las motivaciones prosociales están relacionadas de manera indirecta con las motivaciones superiores de Maslow (Huete y Serrano, 1997,178), pero en lo que respecta a las teorías clásicas de la motivación, amplían el modelo de Mc Gregor a tres categorías: extrínseca, intrínseca y prosocial[78].

4.2.- Motivación intrínseca y motivación prosocial

En un principio, las motivaciones intrínsecas y trascendentes no tienen por qué excluirse, sino que pueden complementarse y potenciarse armónicamente (Huete y Serrano, 1997,179). De hecho, la forma en que JAPL (1993, 111-112) presenta las motivaciones intrínsecas y trascendentes, como parte integrante de la misma dimensión antropológica de la empresa, parece indicar que existe entre ellas una relación de interdependencia. En base a esta relación entre las motivaciones intrínsecas y prosociales, podríamos pensar que, por un lado, una persona que actúa por motivos prosociales –que hace su trabajo por y para "los otros" - disfrutará más con su trabajo que aquella que no desarrolla estas motivaciones. Y por el otro, una persona que disfrute en su trabajo es más fácil que desarrolle motivaciones prosociales que aquella que no disfruta con lo que hace. A su vez, esta relación de interdependencia debe llevar a que cuando la motivación prosocial crece, la motivación intrínseca tiende a crecer, y viceversa. Digamos que ambas motivaciones se "acompañan" y refuerzan en su desarrollo. Esto significaría que nuestra propuesta de incluir las motivaciones prosociales de los miembros de la empresa como parte de la misión es viable y compatible con el desarrollo de las motivaciones extrínsecas[79].

---

[78] Sobre estos tres tipos de motivaciones –extrínseca, intrínseca y trascendente- varios autores han realizado diversos desarrollos y aportaciones de gran interés como pueden ser Cardona *et* al. (2003), que incluyen una nueva categoría de motivación relacional o Bastons (2000, 41-42) que desdobla la motivación trascendente en instrumental y moral.

[79] En recientes investigaciones de Grant –que analiza las motivaciones prosociales hacia clientes y empleados-, puede verse cómo las motivaciones intrínsecas y prosociales están relacionadas entre sí, existiendo entre ellas una correlación positiva y significativa (Grant & Berry, 2011). En esta investigación vamos a analizar esta cuestión incluyendo además otros motivadores prosociales que nos permitan estudiar esta relación desde una perspectiva más amplia. De esta forma, vamos a ver en qué medida las motivaciones prosociales, tal y como las venimos considerando en esta tesis, son compatibles con el desarrollo de las motivaciones intrínsecas.

Por lo tanto, hemos tomado en nuestra investigación la siguiente hipótesis:

H1: La motivación prosocial está correlacionada de forma positiva y significativa con la motivación intrínseca.

4.3.- Motivación extrínseca y motivación prosocial

Existen varios estudios que investigan la relación entre las motivaciones extrínsecas e intrínsecas. Uno de ellos corresponde a Deci (1971, 105-115) quien argumentó que los incentivos extrínsecos ligados al desempeño reducen la motivación intrínseca de las personas. Deci, a partir de experimentos con estudiantes, observó que, al introducir recompensas económicas en la resolución de determinados problemas, se reduce la cantidad de tiempo libre que los estudiantes invierten en resolverlos. Según estos estudios, parecía poder existir una correlación negativa entre ambos tipos de motivación. Es decir, las personas tendrían que elegir entre motivación extrínseca o intrínseca, pero difícilmente podrían desarrollar ambas a la vez.

Dermer (1975, 125-129), sin embargo, con muestras de trabajadores del mundo de la empresa, demostró que no tenía por qué existir correlación negativa entre ambos tipos de motivación. Más bien, encontró que, en el desempeño del trabajo profesional, existe una ligera correlación positiva entre motivación extrínseca e intrínseca. Como conclusión a esta aparente contradicción entre sus resultados y los de Deci, Dermer afirmó que, cuando las personas están acostumbradas a realizar una acción única y exclusivamente por motivación intrínseca, introducir motivaciones extrínsecas puede dañar la motivación. Ahora bien, en una relación profesional, donde la recompensa extrínseca es una expectativa de la propia relación, incrementar la motivación extrínseca no tiene porqué tener un efecto negativo en las motivaciones intrínsecas.

Siguiendo con estas investigaciones y sus conclusiones, vamos a considerar como hipótesis que la relación existente entre la motivación extrínseca y prosocial puede ser similar a la relación entre motivación extrínseca e intrínseca analizada por Deci y Dermer. De esta forma, podríamos pensar que, cuando las persona están acostumbradas a realizar una determinada acción por motivaciones prosociales, si se les imponen motivaciones extrínsecas asociadas a dicha actividad, la motivación prosocial podría tender a disminuir. Ahora bien, en el desempeño habitual del trabajo profesional de las personas en las empresas- que es el ámbito en el que desarrollamos nuestra investigación-, no existe correlación negativa entre las motivaciones extrínsecas y prosociales. Esto significaría que nuestra propuesta de incluir las motivaciones prosociales de los miembros de la empresa como parte de la misión es viable y compatible con el desarrollo de las motivaciones extrínsecas.

Por lo tanto, planteamos en nuestra investigación la siguiente hipótesis:

H2: La motivación prosocial no está correlacionada de forma negativa con la motivación extrínseca.

4.4.- Compromiso de los empleados con la misión y motivación prosocial

Como hemos visto en la primera parte de esta tesis, a partir de los años 80', la misión empezó a popularizarse en el mundo de la empresa y, en nuestros días, un porcentaje considerable de las principales empresas de distintas zonas del planeta tiene una declaración de misión. Sin embargo, en la práctica, tan sólo una pequeña parte de estas empresas consiguen que los empleados estén realmente comprometidos con la misión y, para la gran mayoría, la misión no llega a tener un impacto real en los empleados. Esta situación fue analizada por Campbell y Nash (1992) -autores del modelo de misión Ashridge – comparando algunos casos de empresas que consiguen el compromiso de sus empleados con la misión con otros casos de empresas que fracasan en el intento. En sus investigaciones concluyen que, como hemos comentado anteriormente, las empresas que logran este compromiso –que llamaron "sentido de misión"-, están caracterizadas por un alto nivel de coincidencia entre los valores organizativos y los valores personales de los miembros de la empresa ("fit" de valores). Según Campbell y Nash (1992, 29) el sentido de misión es un compromiso emocional[80] que "ocurre, creemos, cuando existe coincidencia entre los valores de la organización y los valores del individuo"[81].

Las investigaciones de Campbell y Nash sobre el "fit" de valores –junto a otros estudios de la misma época, como los de O"Reilly *et* al. (1991, 487-516) o Sheridan (1992, 1036-1056) sobre esta misma cuestión-, fueron de gran influencia para dirigir la atención del mundo empresarial sobre esta cuestión. Una influencia que tuvo su efecto práctico en la popularización de acciones como, por ejemplo, metodologías para la medición del "fit" de valores (Quinn & Tohrbaugh, 1983, 363-377), programas de formación para el desarrollo de los valores de la empresa entre los empleados, inclusión de los valores en los procesos de evaluación de los empleados, criterios para asegurar los valores de la empresa en los procesos de selección de empleados o medidas para la exclusión de empleados que no comparten los valores de la empresa.

Las conclusiones de Campbell y Nash -que constituyen una de las principales aportaciones de la literatura de la misión de los años 90', y que lograron un alto grado de popularidad-, sirvieron como fuerte impulsor de la idea de que, a través del "fit" de valores, las empresas podían lograr que sus declaraciones de misión fueran algo más que un simple documento formal. Y de esta forma, lograr el compromiso de los empleados con la misión que, como hemos comentado anteriormente, es uno de los principales factores que contribuyen al desarrollo de

[80] Este compromiso emocional puede verse relacionado con lo que Meyer & Allen (1991, 61-89) denominan compromiso afectivo.
[81] "A sense of mission occurs, we believe, when there is match between values of an organization of those of an individual" (Campbell y Nash, 1992, 29).

una misión efectiva (Bart, 2001, 19-34). De hecho, a día de hoy, existen varios estudios que demuestran de forma empírica la validez de las conclusiones de Campbell en cuanto a la relación entre el "fit" de valores y el compromiso de los empleados con la misión[82].

"Fit" de valores → Compromiso de los empleados con la misión

Figura 12. Relación entre el "fit" de valores y compromiso con la misión, basado en el modelo de Campbell y Nash (1992, 27-31).

Ahora bien, esta forma de entender el compromiso de los empleados con la misión, no hace referencia explícita a las motivaciones particulares de los miembros de la empresa. De hecho, los propios Campbell y Nash intentaron incluir las motivaciones personales en su modelo descriptivo de la relación entre los empleados y la misión. Sin embargo, tras analizar las principales teorías motivacionales como las de Maslow y Herzberg, llegaron a la conclusión de que las teorías de la motivación existentes no eran suficientes para explicar el fenómeno que relaciona a las personas con la misión de la empresa. Es lo que identificaron como "un agujero en la teoría de la motivación"[83] (Campbell y Nash, 1992, 52-54).

Pues bien, es precisamente este "agujero" en la teoría de la motivación lo que, en nuestra opinión, se llena con la teoría de JAPL y los posteriores desarrollos de Grant sobre las motivaciones prosociales. De hecho, podríamos decir que las motivaciones prosociales arrojan "nuevas" claves para el análisis de la relación entre las personas y la misión de la empresa. Siguiendo con la línea de

---

[82] Ver, por ejemplo, Finegan (2000, 149-169).
[83] "A hole in motivation theory" (Campbell y Nash, 1992, 54).

argumentación de las conclusiones de la primera parte de esta tesis, vamos a partir de la suposición de que, en el desarrollo del compromiso de los empleados con la misión, existe también otro factor que impulsa su desarrollo: las motivaciones prosociales de las personas de la empresa. De esta forma, el compromiso con la misión puede verse como consecuencia de, al menos, dos factores: el "fit" de valores y la motivación prosocial de los miembros de la organización.

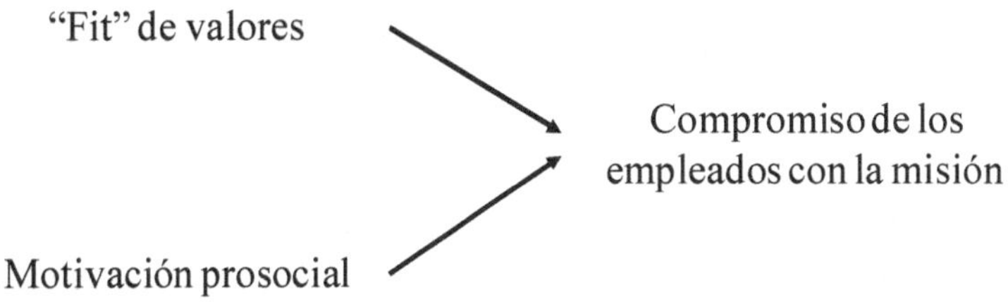

Siguiendo con este planteamiento, establecemos en nuestra investigación la siguiente hipótesis:

H3: La motivación prosocial de los miembros de la empresa influye de forma positiva y significativa en el desarrollo del compromiso de los empleados con la misión.

CAPÍTULO 5.- METODOLOGÍA

Una vez vistas las hipótesis de nuestra investigación, vamos a ver la metodología empleada para el análisis de las mismas. Empezaremos exponiendo una descripción general del estudio realizado y, a continuación, describiremos la metodología empleada para el análisis de las distintas variables involucradas.

5.1.- Descripción general del estudio

Para analizar las hipótesis planteadas, hemos realizado un análisis estadístico de los datos recogidos por el estudio de investigación de IESE-IRCO con la colaboración de AESE y que lleva por nombre: "La cultura empresarial".[84] Este estudio mide las variables presentadas en las hipótesis de esta investigación mediante un cuestionario distribuido a un conjunto de 65 empresas. Las empresas participantes han sido seleccionadas de forma aleatoria tomando como base el índice de las 5.000 primeras empresas de Actualidad Económica[85]. En cada una de las empresas analizadas, el cuestionario ha sido distribuido a los directivos y mandos logrando en todos los casos una participación de más del 75% de encuestados. En total, se han recogido un total de 2.737 respuestas, siendo 41,9 el valor medio de repuestas por empresa.

---

[84] Equipo de investigación: Pablo Cardona y Carlos Rey.

[85] Para la selección de las empresas el estudio se ha realizado una labor de gestión telefónica en la que se invitaba a participar en el estudio a las empresas de más de 50 millones de Eur. de facturación.

Habiendo sido descartadas 13 respuestas por contener datos defectuosos, el tamaño de la muestra es el siguiente:

encuestados	Núm. Empresas	Total
Tamaño de la muestra	65	2.724

Presentamos a continuación la distribución de las empresas según se trate de empresas españolas o portuguesas, empresas de servicios o productivas, con sede en territorio nacional o internacional, mayores o menores de 500 empleados y familiares o no familiares.

	Núm. empresas
Españolas	41
Portuguesas	24
Servicios	48
Productivas	17
Nacionales	43
Internacionales	22
- 500 empleados	38
+ 500 empleados	27
No familiar	51
Familiar	14

Tabla 1. Distribución de la muestra por categorías

A continuación, pasamos a describir en detalle la metodología utilizada para la medición de las distintas variables.

5.2.- Medición de la motivación

La medición de la motivación se realiza mediante un cuestionario que, mediante preguntas cerradas, con una escala de 0 a 4, mide el grado de motivaciones extrínsecas, intrínsecas y prosociales en relación al ejercicio del trabajo diario. Las preguntas de este cuestionario han sido elaboradas utilizando una técnica similar a la empleada por los estudios de Pin y Susaeta (2003) y Dermer (1975, 125-129). Esta técnica está basada en la teoría de Vromm (1964), según la cual la motivación para realizar una determinada acción es función de tres factores:

- Expectativa: corresponde a la expectativa del sujeto de realizar con éxito un determinado nivel de desempeño. Es decir, si el sujeto cree que es capaz de realizar una determinada acción.

- Instrumentalidad: es la percepción del sujeto sobre el grado de probabilidad de que la acción a realizar va a tener como resultado unas determinadas consecuencias atractivas. Consecuencias como, por ejemplo, que a cambio de realizar una acción le paguen una prima, o que la acción a realizar represente una oportunidad de aprendizaje.

- Valencia: es el valor que el sujeto da a esas consecuencias atractivas. Es decir, siguiendo con los ejemplos anteriores, es el valor que el sujeto otorga a la prima que puede recibir o el grado en que valora las oportunidades de aprendizaje.

Estos tres factores son presentados por Vroom como factores multiplicativos, quedando la siguiente fórmula:

Motivación = Expectativa x Instrumentalidad x Valencia

Ahora bien, puesto que el objeto de nuestro estudio es el análisis de diferentes tipos de motivaciones, y dado que la expectativa de éxito no es diferencial en cuanto a los distintos tipos de motivación, hemos optado por considerar Expectativa =1 para todos los casos. Quedando por tanto la fórmula:

Motivación = Instrumentalidad x Valencia

Para el cálculo de los distintos tipos de motivaciones, se han contemplado determinados factores o "motivadores". Para los motivos extrínsecos se ha utilizado la posibilidad de *obtener una prima o un incremento de sueldo*. Para los intrínsecos, *la satisfacción, el aprendizaje y el desarrollo*[86]. Para los motivos prosociales, se ha utilizado, además de los factores contemplados por Grant & Berry (2011, 81) *–clientes y empleados-*, tres factores relacionados con la *generación de beneficio*, la *contribución a la empresa* y la *contribución al entorno* (sociedad, medioambiente,...). De esta forma, se utiliza en esta medición la misma base de motivaciones prosociales analizadas por Grant, pero ampliada a otros factores de motivación prosocial que, en nuestra opinión, forman parte del mismo concepto.

[86] Los motivadores intrínsecos e intrínsecos utilizados corresponden a factores comúnmente utilizados por la investigación en estos tipos de motivación. Ver, por ejemplo, Pin y Susaeta (2003) o Dermer (1975).

Motivos extrínsecos:

- Obtener una prima o un aumento de sueldo (ME1)

Motivos Intrínsecos:

- La satisfacción por el trabajo (MI1)
- El aprendizaje (MI2)
- El desarrollo personal y profesional (MI3)

Motivos Prosociales:

- La contribución a la generación de beneficio (MP1)
- La contribución a la empresa (MP2)
- La contribución a la satisfacción de los clientes (MP3)
- La contribución al desarrollo y bienestar de los empleados (MP4)
- La contribución al entorno (sociedad, medioambiente,...) (MP5)

Tabla 2. Factores motivacionales contemplados en la investigación.

Para cada uno de los factores, se ha preguntando a los encuestados, mediante una escala de 0 a 4, por la Instrumentalidad (en qué medida sienten que estos factores son un resultado derivado de hacer bien su trabajo) y la Valencia (en qué medida estos factores son importantes para el encuestado). Multiplicando ambos valores, se ha obtenido la motivación total para cada uno de los nueve motivadores analizados.

5.3.- Medición del "fit" de valores

La medición de la coincidencia entre los valores personales y organizativos ("fit" de valores), se realiza mediante un cuestionario formado por un total de 32 valores. Estos valores están distribuidos de manera proporcional en las cuatro tipologías de valores de Cardona y Rey (2005, 77-79): valores de negocio, valores relacionales, valores de desarrollo y valores de contribución. En total, se han incluido un total de 8 valores por cada categoría. Este listado no incluye toda la lista de posibles valores, pero sí pretende ser una representación amplia de sus principales tipologías.

- Controlar
- Esfuerzo
- Conseguir los objetivos
- Profesionalidad
- La generación de beneficio
- Calidad
- Conciencia de costes
- Eficiencia
- Cooperación
- Compromiso
- Buenas relaciones entre las personas
- Respeto por la gente
- Un ambiente de trabajo agradable
- Trabajo en equipo
- Comunicación abierta y transparente
- La Confianza

- La mejora continua
- Innovación y creatividad
- Ser los mejores
- Desarrollo profesional de los empleados
- Competitividad
- Perspectiva de largo plazo
- Excelencia
- Formación y aprendizaje
- Cuidar el medio ambiente
- Interés por las personas
- Espíritu de servicio
- Responsabilidad social
- La integridad en todos los actos
- Equilibrio entre vida personal y trabajo
- La satisfacción del cliente
- El Liderazgo

Tabla 3. Valores contemplados en la investigación.

Sobre este listado de valores, se solicita a los encuestados que realicen dos ejercicios sucesivos. En primer lugar, se les distribuye un primer listado de los 32 valores, y se les solicita que marquen los 8 valores que caracterizan la realidad de su empresa[87] (valores reales). A continuación, se les retira el listado de valores que habían rellenado y se les facilita una nueva hoja con los 32 valores (exactamente la misma lista). En esta nueva lista, los encuestados deben marcar

[87] La elección del número óptimo de valores para este ejercicio se realizó mediante un ensayo previo con un colectivo de directivos y mandos a los que se les distribuyo la lista de valores sin una indicación concreta sobre el número de valores, es decir, podían marcar tantos valores como consideraran oportuno. A partir de este ensayo, y viendo que él número más frecuente de valores elegido estaba en torno a 8, se estimó éste número como el más apropiado para la realización de este ejercicio.

los 8 valores que, en su opinión, son los más adecuados para el buen funcionamiento de la empresa (valores deseables).

- Valores reales: los valores que realmente existen en la organización.
- Valores deseables: los valores que, según su opinión, son los más adecuados para su organización.

A partir de los dos listados de valores, se ha procedido a calcular el "fit" de valores (FIT) otorgando un valor igual a "1" por cada valor que coincidía en ambas listas, y un "0" cuando los valores no eran coincidentes. De esta forma, el valor del "fit" oscila entre el valor 0 (ningún valor coincidente) y el valor 8 (coincidencia máxima).

5.4.- Medición del compromiso de los empleados con la misión

La medición del compromiso de los empleados con la misión de la empresa se ha realizado mediante una pregunta sobre su grado de acuerdo acerca de la siguiente afirmación sobre su empresa: "Existe un alto grado de compromiso con la misión y objetivos de la empresa"[88] (COMP). Esta pregunta ha sido contestada por los encuestados mediante una escala de 0 a 4. De igual forma que en los estudios de Bart *et* al., (2001, 26), se utiliza aquí una medida percepcional a nivel empresa. Es importante resaltar esta cuestión pues, a diferencia de las motivaciones extrínseca e intrínseca -que se analizan a nivel personal-, el compromiso de los

[88] Esta pregunta forma parte del modelo de medición de unidad de Cardona y Chinchilla (1999). Dado que en la práctica de las empresas el concepto misión puede recogerse con diversos términos (Abrahams, 1995,13) -misión, principios corporativos, objetivos fundamentales, credo,...- la pregunta incluye los términos "compromiso con la misión y objetivos".

empleados con la misión ha sido analizado a nivel empresa. Es decir, midiendo el grado de compromiso que, según la percepción de los empleados, existe en sus organizaciones.

CAPÍTULO 6.- RESULTADOS Y DISCUSIÓN[89]

Una vez presentada la metodología empleada en el estudio de las diferentes hipótesis planteadas, vamos a ver ahora los resultados obtenidos y sus conclusiones. Para cada hipótesis, empezaremos viendo los resultados de los cálculos estadísticos realizados y, posteriormente, pasaremos a la discusión de los mismos.

6.1.- Motivación intrínseca y motivación prosocial

Para el estudio de nuestra primera hipótesis H1, que hace referencia a la relación entre la motivación intrínseca y prosocial, hemos analizado la correlación existente entre ambas variables. En primer lugar, para la construcción de las dos variables motivación intrínseca (MI) y motivación prosocial (MP) hemos realizado un factorial agrupando, para cada tipo de motivación, los diferentes factores que la componen MI= f(MI1, MI2, MI3) y MP= f(MP1, MP2, MP3, MP4, MP5). Para estudiar la fiabilidad de ambas agrupaciones, hemos calculado el Alpha de Cronbach al 95% de confianza y, para estudiar su idoneidad, el índice Keiser-Meyer-Olkin (KMO).

Para los dos casos, dado que el Alpha de Cronbach es superior a 0,8, podemos considerar que las escalas utilizadas son fiables (ver tabla 4). Ahora bien, en cuanto a la agrupación de las motivaciones intrínsecas, el índice KMO menor a 0,7 indica que, si bien es aceptable, esta agrupación no es óptima en cuanto a su idoneidad. No ocurre lo mismo con la agrupación de las motivaciones prosociales que sí presenta un buen índice KMO (ver tabla 4).

[89] Queremos agradecer la aportación del Dr. Toni Mora en la realización preliminar de los cálculos estadísticos así como la del Dr. Pablo Cardona y D. Diogo Rafael Prado Zapata en la revisión de los cálculos preliminares y la elaboración de los resultados finales.

A continuación, hemos procedido a analizar la correlación entre ambas variables. En el valor obtenido de 0,6049 ($p<0.01$) puede verse que existe una correlación significativa entre la motivación intrínseca y prosocial (ver tabla 5).

	Alpha de Cronbach	KMO
MI (MI1-3)	0,8118	0,6720
MP (MP1-5)	0,8124	0,8223

Tabla 4.- Análisis de la agrupación factorial de MI y MP (n=2.724)

	ME	MI	MP
ME	1,000		
MI	0,3195***	1,000	
MP	0,3304***	0,6049***	1,000

Tabla 5. Correlaciones entre motivación extrínseca, intrínseca y prosocial (n=2.724)[90]

Conclusión: queda confirmada la H1sobre la correlación existente entre la motivación intrínseca y prosocial.

Discusión

[90] *** $p<0.01$

A partir de los resultados obtenidos, podemos afirmar que el desarrollo de las motivaciones prosociales es compatible con el desarrollo de las motivaciones intrínsecas. De hecho, parece que su desarrollo ocurre de manera conjunta, es decir, por lo general, cuando las personas de una empresa tienen altas motivaciones intrínsecas, también tienen altas las motivaciones prosociales. Y a la inversa, cuando las motivaciones intrínsecas son bajas, también lo son las prosociales.

En relación a la viabilidad de nuestra recomendación de *considerar las motivaciones prosociales como parte de la misión*, esto tiene una relevancia considerable. Podríamos decir que, en términos generales, el desarrollo de las motivaciones prosociales es más viable cuantos mayores son los niveles de motivación intrínseca de los miembros de la empresa. Y, por el contrario, si los miembros de una empresa no poseen un cierto grado de motivación intrínseca, será menos viable el desarrollo de las motivaciones prosociales. A efectos prácticos, por tanto, creemos que lo conveniente es considerar el desarrollo de las motivaciones intrínsecas y prosociales de manera conjunta, de forma que ambas motivaciones se acompañen y refuercen en su desarrollo.

6.2.- Motivación extrínseca y motivación prosocial

Para la validación de nuestra segunda hipótesis H2, que hace referencia a la relación entre la motivación extrínseca y prosocial, hemos analizado la correlación existente entre ambas variables. Para ello, hemos tomado la agrupación factorial de motivaciones prosociales (MP1-5) y la hemos correlacionado con el factor de motivación extrínseca (ME). En los resultados puede verse como la correlación existente entre ambas variables es de 0,3269 ($p<0.01$), lo que indica que, en el contexto del trabajo profesional, entre ambas variables no existe una relación negativa (tabla 5).

Conclusión: queda confirmada la H2 sobre la no existencia de correlación negativa entre la motivación extrínseca y prosocial.

Discusión

De los resultado obtenidos podemos afirmar que, de igual forma que en el ámbito de la empresa no existe una correlación negativa entre motivación extrínseca e intrínseca, tampoco la hay entre motivación extrínseca y prosocial. Desde el punto de vista práctico, estos datos demuestran que las motivaciones extrínsecas y prosociales pueden convivir juntas. Aunque las personas mantengan motivaciones extrínsecas por hacer su trabajo, en términos generales, esto no impide que desarrollen, a su vez, motivaciones prosociales. Incluso que estas motivaciones sean altas. De hecho, pensamos que lo más adecuado en la empresa es mantener un cierto equilibrio entre ambos tipos de motivación.

Ahora bien, esto no quiere decir que dependiendo, por ejemplo, de la forma en que se usen los incentivos económicos, éstos no puedan ser un detrimento para el desarrollo de las motivaciones prosociales. De hecho, creemos que, si se utilizan los incentivos para promover modelos de gestión que dificultan el desarrollo de la misión de la empresa, como puede ser por ejemplo, la *maximización del beneficio*, se puede dañar el desarrollo de las motivaciones prosociales[91]. Por tanto, el problema aquí no estaría en las motivaciones extrínsecas per-se, sino en la forma en que se utilizan.

6.3.- Compromiso de los empleados con la misión y motivación prosocial

Para la validación de nuestra tercera hipótesis H3, que hace referencia a la relación entre el compromiso de los empleados con la misión y la motivación prosocial, hemos realizado un cálculo de regresión estadística entre las variables *compromiso con la misión* (COMP), *"fit" de valores* (FIT) y la *motivación prosocial* (MP).

Para el desarrollo de estos cálculos, en primer lugar hemos realizado una agrupación factorial de las variables MP y FIT a nivel empresa. Esto nos ha permitido analizar las tres variables en un mismo nivel de análisis pues, como hemos comentado anteriormente, la variable COMP ha sido medida a nivel empresa.

Posteriormente, hemos realizado una matriz de correlaciones entre las variables principales (ver tabla 6) y, a continuación, hemos realizado un cálculo de regresión utilizando la siguiente fórmula:

$$COMP = a + b(FIT) + c(MP) + e$$

[91] Sobre el posible efecto nocivo de los incentivos económicos ver por ejemplo: Rosanas (2006, 8-11).

Como variables de control, hemos incluido su condición o no de empresa familiar (FAM), su tamaño (TAM) –más o menos de 500 empleados-, su origen (ORIG) -nacional o extranjera- y la tipología de empresa (TIP) -servicios o industrial-. Para cada una de las dos opciones de las variables de control, se ha otorgado un valor 1 para la primera opción y un valor 0 para la segunda opción.

Los resultados obtenidos muestran que la variable COMP, se explica en un 51% (r-squared=0,5103) por las variables FIT y MP (en un 95% de confianza). A continuación, recogemos en la tabla siete, el coeficiente explicativo para cada una de las variables y su p-value. Dado que las variables poseen escalas distintas, hemos calculado la Beta, que indica el peso relativo de cada una de las variables.

	COMP	FIT	MP
COMP	1,0000		
FIT	0,5670	1,000	
MP	0,5916	0,4035	1,0000

Tabla 6. Correlaciones entre COM, FIT y MP (n=65)

COM	Coef.	P>[t]	Beta
Cons	1,2016	0,000	.
FIT	0,3201	0,000	0,4400
MP	0,3631	0,000	0,4213
FAM	-0,0094	0,930	-0,0090
TAM	-0,0257	0,771	-0,0295
ORIG	-0,1572	0,078	-0,1735
TIP	-0,0037	0,969	-0,0039

Tabla 7. Cálculo de regresión entre COM, FIT y MP (n=65)

Conclusión: queda confirmada la H3 de esta tesis sobre la influencia de la motivación prosocial en el desarrollo del compromiso de los empleados con la misión de la empresa.

Discusión

Hasta la fecha, el marco teórico de la misión se centraba en la conexión de las personas con la misión a través de los valores. Sin embargo, los datos obtenidos en esta investigación confirman que existe una forma de "conectar" a los empleados de la empresa con la misión sobre la que deberíamos prestar una atención equivalente: la motivación prosocial. Esta motivación, a pesar de ser un factor apenas tenido en cuenta por los principales autores de la literatura de la misión, es fundamental para el desarrollo de la misión desde el punto de vista práctico. Y su importancia es equivalente a la coincidencia de valores organización-empresa.

En nuestra opinión, estos resultados confirman de forma empírica la necesidad de replantear el concepto misión, ampliando el marco conceptual comúnmente utilizado. Un hecho que tiene implicaciones de orden teórico, pero también numerosas implicaciones de orden práctico. A continuación, vamos abrir una tercera parte de esta tesis en la que veremos en qué consisten estas implicaciones. En primer lugar, expondremos un nuevo modelo analítico que nos permita explicar en qué dirección debe ser re-explicada la misión de la empresa y, posteriormente, desarrollaremos cada una de sus partes elaborando lo que pretende ser una propuesta conceptual y metodológica que impulse "con nuevas luces" el desarrollo de una misión efectiva.

PARTE III:

UNA NUEVA PROPUESTA CONCEPTUAL DE LA MISIÓN DE LA EMPRESA

El modelo tridimensional de la misión

En la primera parte de este trabajo, hemos abordado el análisis crítico de la teoría y práctica de la misión en la empresa y, en la segunda, hemos analizado de forma empírica el papel de la motivación prosocial en el desarrollo de una misión efectiva. Como conclusiones parciales, hemos expuesto un conjunto de recomendaciones, tanto de orden teórico como práctico, que pretenden ayudar a la implementación efectiva de la misión en la empresa. Análogamente, podríamos decir que hemos ido componiendo un puzle con las diferentes piezas de la teoría y la práctica existente, y en forma de recomendaciones, hemos añadido algunas piezas que faltan.

Algunas de estas "nuevas piezas" -como la recomendación de desarrollar metodologías que aseguren la integración de la misión en los sistemas de gestión-, vienen a cubrir partes incompletas del puzle. Otras piezas -como la recomendación de considerar la motivación prosocial en el desarrollo de la misión-, más bien vienen a expandir el puzle creando nuevas zonas que no habían sido cubiertas con anterioridad.

Llega ahora el momento de presentar cómo vemos este "nuevo" puzle o este puzle "más completo". En primer lugar, en este mismo apartado de introducción a la tercera parte de esta tesis, empezaremos presentando un modelo conceptual de la misión estructurado en tres dimensiones. Este modelo tridimensional se corresponde a lo que, en nuestra opinión, es la mínima conceptualización necesaria para entender el "puzle" completo de la misión.

A continuación, utilizando este mismo esquema, vamos a ir desarrollando sus tres partes o dimensiones en tres diferentes capítulos. En cada uno de ellos, empezaremos describiendo los fundamentos teóricos de cada dimensión y, a continuación, estableceremos propuestas metodológicas para su desarrollo, complementando la literatura existente con las conclusiones y recomendaciones de esta tesis. En conjunto, esta tercera parte pretende ser un modelo actualizado de la misión en la empresa que evite el "fracaso de la misión" en el mundo empresarial.

Conceptualización tridimensional de la misión de la empresa

Como hemos comentado anteriormente, en relación a la misión la práctica de las empresas, en general, dista bastante de lo que la teoría propone y, a su vez, la teoría presenta también algunas lagunas y deficiencias. Podríamos decir que la teoría maneja un esquema conceptual incompleto, pero la práctica maneja un esquema aún más incompleto que la misma teoría. Para mostrar este hecho y sus posibles soluciones de manera esquemática, vamos a presentar a continuación un modelo conceptual de la misión que resume las principales conclusiones de esta tesis. Este modelo, que llamaremos modelo tridimensional de la misión, está formado por las siguientes dimensiones:

- la *dimensión formal* -que llamaremos *misión formal*–, es la declaración explícita de los fines de la empresa en tanto es identificada como tal por los miembros de la organización. Esta dimensión está relacionada con lo que constituye el eje central de la literatura existente sobre la misión en la empresa, que consiste en definir y comunicar mediante una *declaración de misión* o "mission statement" la esencia del "para qué", la razón de ser de la empresa.

- la *dimensión dinámica* –que llamaremos *misión dinámica*- es el grado de realización de la misión formal. Es el "para qué" de la empresa expresado de forma cuantitativa. Estadimensión está relacionada con las recomendaciones expuestas de utilizar la misión como variable cuantitativa y de establecer mecanismos que refuercen la integración de la misión en los sistemas de gestión.

- la *dimensión motora* –que llamaremos *misión motora*- es la motivación prosocial de los miembros de la organización ligada a la misión formal. Esta dimensión resulta de la conclusión principal de esta tesis que consiste en considerar las motivaciones prosociales de los miembros de la empresa como parte constitutiva y esencial de la misión.

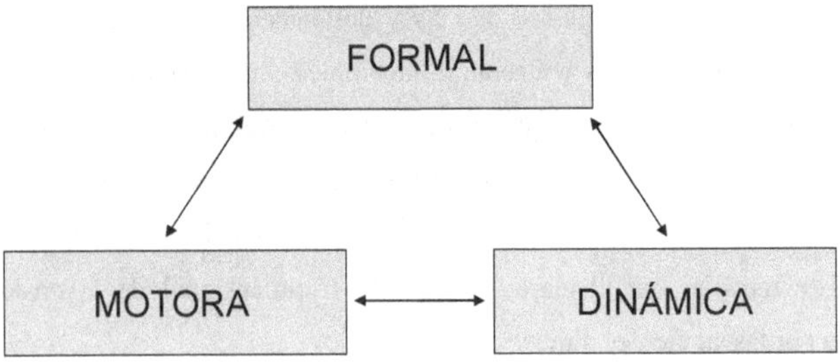

Figura 13. Dimensiones de la misión de la empresa (modelo tridimensional).[92]

[92] Estas tres dimensiones pueden verse también en los usos comunes de la palabra misión en la empresa. Por ejemplo, cuando alguien mira a un cartel colgado en la pared y dice "esta es la misión de nuestra empresa", se está refiriendo a la misión formal que corresponde a lo que la empresa "dice" que es su misión. Cuando alguien dice, "esta empresa se esfuerza en hacer bien su misión", generalmente se está refiriendo a la misión dinámica que corresponde a lo que la empresa hace "realmente". Cuando alguien dice, "la gente de esta empresa cree realmente la misión", se refiere a la forma en que los empleados están motivados por la misión.

Sobre este modelo, cabe hacer tres aclaraciones relevantes. La primera es que no se trata de tres misiones distintas, sino de tres dimensiones inseparables de una misma misión. Es decir, cada dimensión representa un plano distinto de una misma realidad. Esto significa que es posible analizar o desarrollar la misión bajo una o dos de sus dimensiones sin que por ello dejemos de referirnos a la misión en sí misma. Por ejemplo, una investigación sobre las mejores palabras a usar a la hora de definir una misión, se centra en la dimensión formal de la misión, pero no por ello deja de hablar de la misión de la empresa.

La segunda consideración es que las tres dimensiones forman lo que entendemos como el modelo conceptual mínimo, es decir, las tres dimensiones son necesarias para entender qué es una misión en su conjunto. Gráficamente, esto se puede representar comparando nuestro modelo con una figura geométrica. En concreto, con un cubo. Si dibujamos un cubo en una sola dimensión (el eje de las x) lo más que obtendremos es una línea, si lo vemos bajo dos ejes (x e y), tendremos un cuadrado y sólo en las tres dimensiones obtenemos un cubo. Siguiendo con esta representación gráfica, la dimensión formal correspondería a la línea, la formal y dinámica al cuadrado y las tres dimensiones al cubo (ver figura 14). Utilizando esta analogía, diremos que sólo se puede tener un verdadero conocimiento de lo que es una misión cuando se considera el "cubo" completo. Esto tiene como consecuencia, por ejemplo, que si sólo se considera la misión bajo su dimensión formal (un tipo de limitación bastante frecuente en la literatura[93]), difícilmente se pueden llegar a resultados concluyentes.

[93] Entre los estudios empíricos que presentan esta limitación podemos destacar, por ejemplo, los de Pearce & David (1987), David (1989), Leuthesser & Kholi (1997), Sufi & Lyons (2003), Barktuss & Glassman (2006-2007) Nimwegen, Bollen (2008) y King & Case (2010). De igual forma, esta limitación puede observarse en diversas metodologías prácticas para el desarrollo de la misión como, por ejemplo, las de Want (1986), Cochran & David (1985), Jones & Kahaner (1995) o Abrahams (1995).

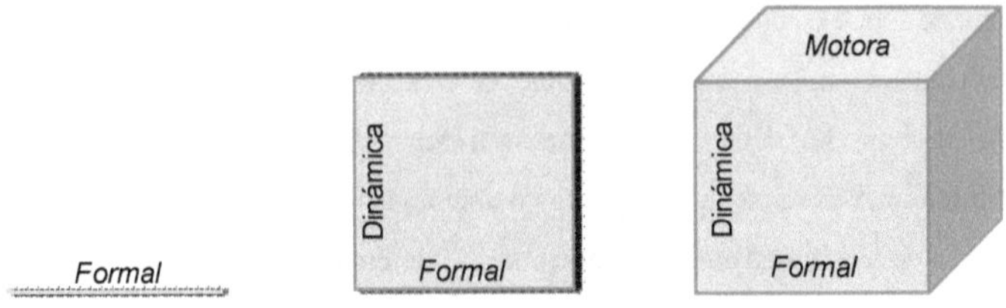

Figura 14. Comparación del modelo con una figura geométrica tridimensional.

La última consideración es que, aunque sean inseparables y formen la conceptualización mínima de la misión, en la práctica, la existencia o el desarrollo de una de ellas no implica necesariamente la existencia o el desarrollo de las otras dos. Por ejemplo, el hecho de tener una misión escrita y comunicada, no significa que por este motivo los empleados se vayan a comprometer con ella. Unas dimensiones necesitan de las otras, pero el desarrollo efectivo de cada dimensión dependerá de mecanismos y acciones específicas para cada dimensión[94].

Esta conceptualización tridimensional de la misión es el modelo que vamos a utilizar, tanto para explicar qué es una misión, como para describir las metodologías que impulsan su desarrollo en la práctica. En definitiva, pretende ser de utilidad para encajar el conocimiento adquirido e inspirar el conocimiento no adquirido. "Encontrar lo común entre lo diverso y usar lo comprendido para lograr nuevas comprensiones" (Wagensberg, 2010, 17).

[94] De hecho, las flechas que hemos dibujado uniendo a las distintas dimensiones en la figura trece, no deben entenderse como una relación de causa efecto sino, más bien, como la forma en la que cada dimensión influye en el desarrollo de las otras.

CAPÍTULO 7.- LA DIMENSIÓN FORMAL

De las tres dimensiones de una misión –formal, dinámica y motora-, la misión formal es sobre la que existe mayor investigación y desarrollo en los distintos autores. De hecho, esta "parte" de la misión ha sido tratada por las principales aportaciones, investigaciones y metodologías sobre la misión. En este capítulo, vamos a realizar un compendio de estas contribuciones, "actualizado" con las conclusiones obtenidas en los apartados primero y segundo de esta tesis[95].

Empezaremos explicando en qué consiste la misión formal, ahondando en sus fundamentos teóricos. A continuación, veremos una condición necesaria para la consistencia de la misión formal: superar las teorías de la maximización del beneficio. Luego pasaremos a ver una propuesta metodológica para la definición de la misión formal, haciendo un compendio de las principales propuestas clásicas, complementándolas con el desarrollo de las recomendaciones expuestas a lo largo de esta tesis. Finalmente, veremos el proceso de despliegue de la misión formal en "misiones" a lo largo de las distintas divisiones y departamentos de la empresa, exponiendo además algunos criterios específicos sobre cómo realizar este proceso.

---

[95] En concreto, vamos a complementar las metodologías existentes con las siguientes recomendaciones apuntadas anteriormente:

- La necesidad de otorgar a la misión de una verdadera legitimidad por parte de los órganos de gobierno de la empresa.
- La recomendación de centrar el concepto de misión en la contribución a determinados stakeholders.
- La recomendación genérica de incluir en la misión, como contenido mínimo, a clientes, accionistas y empleados.
- La conveniencia de establecer procesos y metodologías relacionadas con la actualización periódica de la misión.
- La conveniencia de establecer mecanismos de despliegue de la misión a lo largo de la cadena de mando.

7.1.- La misión formal: perspectiva cualitativa de la misión

La misión formal es la declaración explícita de fines de la empresa en tanto es identificada como tal por los miembros de la organización. Es decir, es lo que los miembros de la organización reconocen y aceptan como los fines de la empresa. Podríamos decir que la misión formal es el resultado de considerar la misión desde una perspectiva cualitativa. Bajo esta perspectiva, la misión formal tiene un *carácter descriptivo*, en tanto indica el contenido de la misión, y a su vez, un *carácter simbólico*, en tanto representa el compromiso básico de la empresa con determinados fines. En la misión formal, lo relevante es, por tanto, el contenido y la calidad de la misma y, a su vez, su condición de símbolo que representa la razón de ser de la organización.

La misión formal está relacionada con lo que comúnmente se denomina en la literatura "declaración de misión" o "mission statement", que está formada por una o diversas frases en las que se recoge la esencia de los fines de la empresa. Ahora bien, para que una declaración de misión o "misión statement" sea una misión formal, debe ir acompañada de un proceso comunicación realmente efectivo. Esta comunicación debe ser capaz de transmitir a la organización de forma clara y concreta, tanto el contenido de la misión, como su condición de compromiso básico de la empresa. En una empresa en la que la misión es conocida por los directivos, pero desconocida para los empleados, no existe una misión formal o, estrictamente hablando, la misión formal está limitada al ámbito de los directivos de la empresa. En definitiva, lo que otorga a una "declaración de misión" su condición de misión formal, no es sólo el hecho de estar escrita y aprobada por la dirección, sino que sea reconocida como tal por parte de los miembros de la empresa.

De hecho, estrictamente, la misión formal puede existir aun incluso cuando no ha sido definida bajo la forma de "mission statement" o declaración escrita. Este sería el caso de una misión formalizada a base de lo que Schein (1992, 12) llamaba "artifacts" (elementos que promueven la creación de creencias colectivas), como puede ser, la costumbre de un presidente o de los directivos de utilizar periódicamente ciertos mensajes que hacen referencia a la razón de ser de la empresa. Por ejemplo, un presidente que de forma sistemática recuerda a sus empleados que "estamos para servir al cliente", podríamos decir que está construyendo una misión formal[96]. Ahora bien, si esto es más fácil cuando la misión es una frase breve, bajo una perspectiva de misión orientada a varios stakeholders -la que utilizaremos de aquí en adelante-, será muy difícil desarrollar una misión formal "no escrita" de manera consistente en el conjunto de los empleados. Por este motivo, en adelante, cuando hablemos de la misión formal, nos referiremos a la que está escrita o "declarada" pero, de cara a una más amplia comprensión de lo que vamos a exponer en este capítulo, conviene tener en cuenta que la misión formal no está limitada exclusivamente al texto o declaración escrita de la misma[97].

[96] De hecho, de la misma forma que los "artifacts" pueden construir una misión formal "no escrita", también pueden destruir una misión formal aunque esté escrita y comunicada intensamente. Por ejemplo, un presidente o directivos que afirmen de forma constante "aquí estamos sólo para ganar dinero", fácilmente destruirían la formalidad y legitimidad de una declaración formal de misión.

[97] Ahora bien, si la misión formal no está limitada al texto escrito, sí está limitada a lo que los miembros de la empresa reconocen como los fines de la misma. Queda por tanto excluido de lo que aquí entendemos por misión formal lo que podría llamarse "misión no declarada" (fines de la empresa que no son reconocidos por los miembros de la misma).

7.2.- Una condición necesaria: superar la maximización de beneficio

Cuando en una empresa no existe una declaración explícita de fines, es fácil caer en las teorías utilitaristas u oportunistas. Para estas teorías, la empresa es simplemente el fruto de los intereses económicos de sus propietarios y la influencia que otros agentes externos e internos ejercen sobre la misma. El más notable entre los defensores de esta postura es Milton Friedman, quien afirmaba a inicios de los años 60" que existe una sola responsabilidad social de la empresa: utilizar sus recursos y emprender actividades encaminadas al aumento de los beneficios, en tanto que respete las reglas del juego y entre en franca y libre competencia, sin engaño ni fraude (Friedman, 1962). En la actualidad, esta cuestión sigue siendo objeto de discusión y debate en foros políticos, académicos y empresariales (Rosenzweig, 2010, 87).

Sin embargo, esta visión oportunista de la empresa no parece ser compatible con el desarrollo de una misión. Tanto en la concepción de misión como respuesta a ¿cuál es nuestro negocio? (Drucker, 1974) como en la de la contribución a determinados stakeholders (Senge, 1998, 16-22) o un conjunto de elementos (Campbell & Nash, 1992), la misión siempre se contempla como el "para qué" de la empresa más allá del beneficio, donde el beneficio puede ser parte de la misión pero, en ningún caso, su único contenido. Tal como indica Drucker, la afirmación de que la empresa está sólo para ganar dinero "no sólo es falsa, además es irrelevante"[98] (Drucker, 1954, 35).

[98] "The average of bussinessman when asked what a business is, is likely to answer: "an organizations is to make a profit". And the average of economist is likely to give the same answer. But this answer is not only false; it is irrelevant" (Drucker, 1974, 35).

David Packard, uno de los fundadores de Hewlett Packard, nos muestra un buen ejemplo de la importancia de superar la filosofía de la maximización del beneficio a la hora de definir una misión. En 1960, a los 23 años de la fundación de la empresa, Packard iniciaba de esta forma el discurso de apertura de un programa de desarrollo directivo:

> En primer lugar, quiero hacer referencia al *para qué* existe una empresa. En otras palabras, ¿para qué estamos aquí? Creo que mucha gente supone, equivocadamente, que una empresa existe simplemente para ganar dinero. Si bien éste es un importante resultado de la existencia de una empresa, nosotros tenemos que ir más allá y encontrar las verdaderas razones de nuestra existencia.(...)
>
> Podéis mirar a vuestro alrededor y todavía ver gente sin otro interés que el dinero, pero los motivos que subyacen vienen del deseo de hacer algo más –hacer un producto, dar un servicio-. En general, hacer algo de valor. Con estos pensamientos en mente, vamos a tratar sobre el "para qué" de la existencia de Hewlett Packard...[99]

Los ejemplos de HP y otras empresas de filosofía similar fueron analizados en detalle en el conocido estudio de Collins y Porras (1996a) publicado bajo el título "Build to last". De entre las empresas estudiadas, encontraron que en aquellas que obtienen mejores resultados – como HP, Sony, IBM, Wal-Mart o Walt Disney- el beneficio nunca es el único fin de la empresa. Incluso, en algunas de ellas, el beneficio ni siquiera es considerado un fin en sí mismo, sino un medio para dar cumplimiento a otros fines. Para estas empresas, el beneficio es una condición necesaria para la existencia y un medio para fines más importantes, pero no es un fin en sí mismo. El beneficio es como el oxígeno, la comida, el agua o la sangre para el cuerpo; no son lo fundamental de la vida, pero sin ellos, no hay vida (Collins y Porras, 1996a, 55).

[99] Packard, D., discurso pronunciado el 8 de Marzo de 1960. Citado en Peters y Watterman (1982).

Definir una misión consiste en plantearse el para qué de la empresa tomando como punto de partida que el beneficio no es el único fin. Ahora bien, conseguir un grado de consenso sobre esta cuestión no es siempre sencillo. Especialmente, cuando el gobierno de la empresa recae sobre varias personas, puede suceder que algunos mantengan que la maximización del beneficio debe ser el único fin de la empresa. Sin embargo, y a pesar de las dificultades que pueda significar, es necesario aclarar esta cuestión antes de empezar a realizar un ejercicio de misión. Tal como afirman Ireland & Hitt (1992, 40), las declaraciones de misión sólo deben ser formuladas cuando los directivos principales del más alto nivel se han comprometido, tanto filosófica como operativamente, a orientar los recursos de la organización hacia la ejecución de la misión. Desarrollar una misión sin este compromiso puede ser contraproducente. De hecho, en base a los resultados de las investigaciones sobre la misión que hemos analizado en el apartado primero de esta tesis, podemos afirmar que no existe ningún beneficio en definir una misión cuando, en la verdadera voluntad de los que gobiernan la empresa, impera la filosofía de la maximización del beneficio.

Por este motivo, a los manuales que comúnmente se utilizan para definir una misión que hemos visto anteriormente -Cochran, David & Gibson, (1985), Campbell y Nash (1992), Jones & Kahaner (1995) o Abrahams (1999, 33-45)-, probablemente les falta un primer paso, o paso "cero", que consiste en conseguir el compromiso de los que gobiernan la organización de "superar la maximización del beneficio". Esto conlleva entender el propósito de una organización -el "*para qué*" de la empresa- a través de varios fines (Melé, 2009, 169), donde ganar dinero puede coexistir con otros fines. De hecho, la maximización del beneficio no puede ser entendida como "un tipo de misión" si no como una simplificación de los fines de una empresa. Ahora bien, a este respecto cabe tener en cuenta que la maximización del beneficio no es el único posible riesgo de simplificación. Afirmaciones frecuentes en las empresas, como "nuestra única razón de ser es el cliente" o "el verdadero fin de la empresa son los empleados", pueden ser también
un ejemplo de esta simplificación. Los clientes o los empleados pueden ser un fin

de la empresa, pero, ¿son el único? Por lo general, cuando se utilizan estos términos lo que se pretende es hacer especial hincapié en alguno de los fines, más que hacer una declaración formal. Sin embargo, hay que tener cuidado con estas afirmaciones, pues generalmente estos "lemas" acaban cayendo en la incongruencia y no hacen más que generar confusión y escepticismo. Como indica Henry Morgan, autor de la misión de Ben & Jerry"s (una de las empresas conocidas mundialmente por su misión), la mayoría de las misiones enfocadas a un único aspecto son infructuosas. (Jones & Kahaner 1995, 23).

Para vencer el peligro de la simplificación, es necesario superar la inclinación de plantear los fines de la organización como un dilema: o esto, o lo otro. La clave consiste precisamente en saber entender que no es una elección por eliminación, sino la búsqueda del equilibrio y la complementariedad. De esta forma, se supera *la tiranía* del "A o B" para pasar a hablar de "A y B". Entonces dejamos de hablar de un único fin y pasamos a hablar de varios fines. Hemos de advertir, no obstante, que si bien la tiranía del "A o B" nos lleva irremediablemente a un único fin, por la vía del "A y B y C y D y E y F...." podríamos llegar a innumerables fines. Bajo nuestro punto de vista, tan incorrecto puede ser considerar un único fin de la organización como afirmar que *todo* lo que hace la organización es un fin en sí mismo. De hecho, volveríamos a caer entonces en la simplificación pero por el camino inverso. Definir la misión sería irrelevante puesto que todo sería un fin en sí mismo.

En esta línea de pensamiento, recogemos aquí la recomendación enunciada anteriormente, y que emplearemos a continuación, de considerar la misión como la contribución a determinados stakeholders incluyendo, como mínimo, a clientes accionistas y empleados.

7.3.- Definición, comunicación y actualización de la misión formal

Vista la necesidad de superar la maximización de beneficio como condición para definir una misión formal de manera consistente, pasamos a exponer ahora una propuesta metodológica para la definición, comunicación y actualización de la misión formal. Esta propuesta, que integra las principales ideas de las metodologías existentes complementadas con las conclusiones de la primera y segunda parte de esta tesis, la desarrollamos a continuación en cinco apartados[100]:

[100] Este modelo está construido teniendo en consideración las siguientes cuestiones:

- Las distintas recomendaciones de diferentes expertos de misión analizadas en el capítulo primero de esta tesis - *Drucker (1974), McGowan (1986),* Ireland & Hitt (1992), *Jones y Kahaner (1995,)...* - y que abarcan aspectos como: los responsables de definir una misión, la conveniencia de definir la misión mediante procesos participativos o la validez de la misión a lo largo del tiempo.
- Las metodologías que son comúnmente utilizadas para la definición de una misión analizadas en el capítulo segundo de esta tesis –Cochran, David & Gibson, (1985), Campbell y Nash (1992), Jones & Kahaner (1995) o Abrahams (1995, 33-45)-. En concreto, los aspectos que detallan cómo definir la misión mediante procesos participativos y cómo asegurar la correcta definición y comunicación de la misión desde el punto de vista de su comprensión y comunicabilidad.
- La consideración de la misión como la contribución a determinados stakeholders, siendo ésta una de las formas de entender el concepto misión que mayor presencia tiene en la actualidad (Bartkus & Glassman, 2007, 208) y que, en nuestra opinión, es la más coherente de cara a diferenciar el concepto misión de otros conceptos como estrategia, visión, valores, etc...
- Las recomendaciones que se desprenden de los estudios de Kotter y Heskett (1992) por las que la misión debe contemplar, como mínimo, a los tres principales stakeholders de la empresa: clientes, accionistas y empleados.
- La recomendación de esta tesis de incluir en las metodologías para la definición y comunicación de la misión un apartado específico sobre la revisión / actualización de la misma, una cuestión ampliamente tratada en la teoría pero descuidada habitualmente en el desarrollo de las metodologías prácticas.

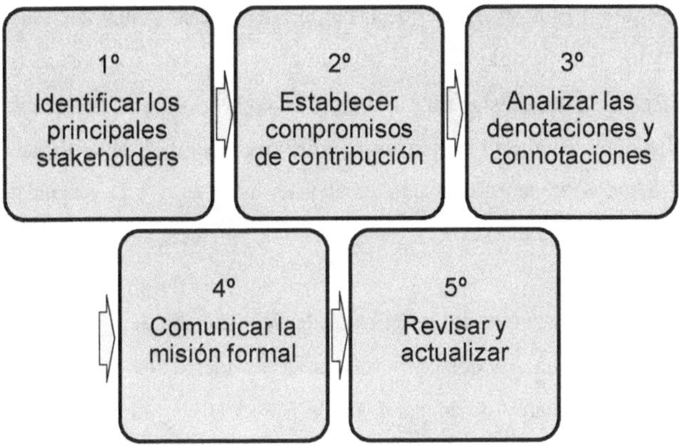

1°.- Identificar los stakeholders principales de la empresa

Siguiendo con los estudios de Kotter y Heskett, (1992), y como recomendación genérica, hemos sostenido aquí que una misión debería contemplar, como mínimo, a los clientes, accionistas y empleados. Ahora bien, esta consideración genérica, no es directamente aplicable a todo tipo de organizaciones. Por ejemplo, el concepto de "cliente" puede cobrar diversos matices, o representar distintos colectivos según el tipo de empresa. En una empresa de distribución mayorista, tanto podrían ser considerados clientes las empresas de distribución minorista, como los consumidores finales del producto[101]. Lo mismo ocurre con el concepto "empleados" donde, por ejemplo, una empresa basada en el modelo de franquicia, puede tener un porcentaje de personal "franquiciado" tan numeroso como empleados propios. O una empresa de transporte, donde los transportistas que trabajan por cuenta propia, a pesar de no ser empleados pueden tener un peso específico en la misión equivalente al de los empleados.

[101] Algunos autores, sin embargo, aconsejan no hablar de varios tipos de clientes, reservando el término cliente para una tipología concreta de stakeholders y otros nombres para el resto (Simons, 2010, 94).

Otra excepción a esta regla es el de las empresas que no tienen accionistas. Este sería el caso, por ejemplo, de una caja de ahorros donde no existen (al menos hasta la fecha[102]), accionistas propiamente dichos. En este caso, otros stakeholders como, por ejemplo, el ámbito territorial en el que operan, o la sociedad, podrían ser considerados en la misión con igual relevancia a la que puedan tener los accionistas en otras empresas.

A su vez, este ejercicio de definición de los stakeholders principales debe contemplar la pregunta de qué otros stakeholders –además de clientes, accionistas y empleados- podrían formar parte de la identidad de la organización. Para algunas empresas como, por ejemplo, los fabricantes de automóvil, los proveedores pueden llegar a tener un papel tan relevante como los propios empleados. Para otras organizaciones, la sociedad puede ser un stakeholder a incluir entre sus principales, de igual forma que para una empresa gubernamental, el gobierno puede ser considerado, por razones de identidad, unos de sus principales stakeholders. En definitiva, si bien aquí hablamos de los clientes, accionistas y empleados de forma genérica, en el caso concreto de cada organización, estos tres stakeholders deberán ser concretados (pudiendo incluir también otros stakeholders) de acuerdo a las particularidades que conforman la identidad de la empresa.

Otro aspecto relevante a considerar en la presentación final de la misión es el orden en que se presentan los stakeholders. De cara al mensaje que trasmite, no es lo mismo, por ejemplo, hablar de "accionistas, clientes y empleados", que utilizar un orden distinto como "clientes, empleados y accionistas". Tal y como indica Simons en una reciente investigación, es fundamental que la empresa deje claro el orden de importancia relativa de los stakeholders principales. Una cuestión sobre la que no existe una respuesta correcta o incorrecta. Cada elección está basada en una teoría de creación de valor distinta, pero realizar una elección y comunicarla de forma efectiva es esencial (Simons, 2010, 96).

---

[102] Escrito en noviembre de 2010.

Como ilustración de los distintos pasos del proceso vamos a introducir un ejemplo genérico de misión que, en cada paso, iremos ampliando y completando. Este ejemplo no debe ser considerado en ningún caso, ni como recomendación genérica, ni como recomendación particular, sino exclusivamente como un ejemplo entre multitud de soluciones posibles. Aunque los textos y ejemplos están tomados de misiones reales de diversas empresas (la mayoría de Abrahams, 1999), su única finalidad es acompañar la exposición del modelo con una ilustración gráfica.

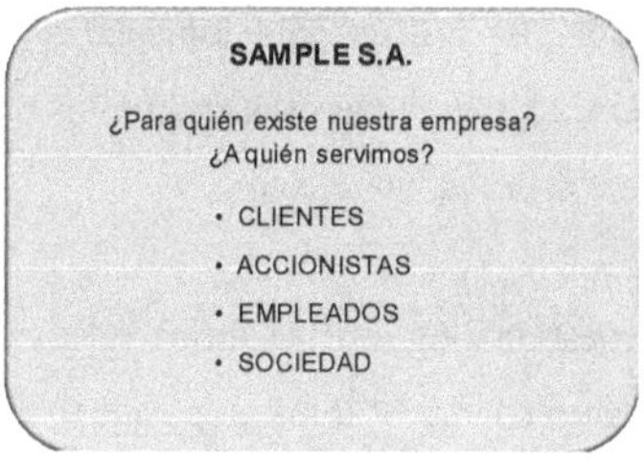

2º.- Establecer compromisos de contribución con los stakeholders

Una vez determinados los stakeholders principales, el siguiente paso consiste en especificar qué contribuciones debe recoger la misión de la empresa para cada uno de ellos. Podríamos decir que en el paso anterior, al definir los stakeholders principales de la organización, hemos establecido el marco general en el que debe desarrollarse la misión de la empresa y, en este segundo paso, es donde estableceremos su contenido. Para ello, debemos especificar en qué consisten los compromisos básicos de contribución para cada uno de los stakeholders.

Como regla general, y siempre que sea posible desde el punto de vista práctico, en el ejercicio de definición de los compromisos con los stakeholders conviene involucrar un número representativo de los empleados de la empresa. De hecho, como veíamos anteriormente, existe evidencia empírica de que, cuanto mayor es la participación de distintos agentes en la misión, mejores son las condiciones para su desarrollo (Baetz y Bart, 1996, 531). Otra práctica aconsejada por varios autores, aunque menos habitual, (Bart, 1997, 16) es incluir en el proceso de definición de la misión a otros stakeholders como clientes, accionistas, proveedores,...

En cuanto a qué metodologías utilizar para fomentar la participación de varios agentes en su elaboración, existen numerosas propuestas recogidas en las diversas metodologías existentes. Estas son, por ejemplo,

- Utilización de cuestionarios: es una forma relativamente fácil de recabar información y hacer participar a los empleados y otros stakeholders en la elaboración de la misión. Las preguntas pueden ser cerradas o abiertas, siendo el primer tipo normalmente más adecuado para encuestas a un gran número de empleados.
- "Focused groups": grupos de personas (normalmente de 10 a 15) a los que, siguiendo un guión semi-estructurado se les pregunta su opinión sobre la misión de la empresa.
- Entrevistas estructuradas o semi-estrucutradas: sobre la base de un cuestionario establecido previamente y mediante sesiones individuales.
- Sesiones de reflexión: como parte fundamental del proceso es también habitual la realización de sesiones de reflexión por parte de la dirección de la empresa. En estas sesiones, el personal directivo recopila y analiza la información recibida de las diferentes fuentes y elabora una síntesis o primer borrador de la misión.

SAMPLE S.A.

Compromisos de contribución con nuestros...:

CLIENTES
- Satisfacer sus necesidades
- Mejora continua de productos y servicios

ACCIONISTAS
- Retribución justa de la inversión

EMPLEADOS
- Desarrollo personal y profesional
- Buen ambiente de trabajo

SOCIEDAD
- Contribución activa a la comunidad

3º.- Analizar las connotaciones y denotaciones del texto

Una vez definido un borrador de la misión con los compromisos de contribución con cada uno de los stakeholders principales, los textos y las palabras utilizadas deben ser analizados desde la vertiente denotativa y connotativa, a fin de que sean fáciles de transmitir y comunicar (Cochran *et* al., 1985, 27-39). En lo que respecta al análisis denotativo, dado que estamos utilizando un concepto de misión que abarca un conjunto de stakeholders, por lo general la misión estará compuesta de varias frases. Ahora bien, a efectos de su comunicabilidad, el texto de una misión no debe alargarse más de lo que pueda ser transmitido y recordado con facilidad.

Para ello los textos deben ser breves, evitando la repetición y centrándose en la esencia de la contribución de la empresa para con sus stakeholders principales. A este respecto, puede ser de utilidad hacer referencia a la misión mediante diferentes apartados para cada stakeholder[103]. Una versión en forma de esquema, o incluso de "mapa mental", también puede ayudar a la presentación de la misión. En algunas organizaciones incluso se adjunta la misión a un logotipo o forma gráfica que ayude a una mejor comprensión y retención de la misma. En definitiva, la recomendación general sobre esta cuestión es emplear los medios necesarios para facilitar la comunicación de la misión y la comprensión de su contenido.

[103] Ver, por ejemplo, las misiones citadas de Repsol o J&J en el capítulo primero de esta tesis.

Además, en el análisis denotativo se deben revisar los aspectos relacionados con la legibilidad de forma que los textos sean fáciles de evocar, incluso de pronunciar, y que los significados de las palabras se entiendan con claridad y no se puedan confundir con otras palabras o significados similares. En este análisis se tendrán también en cuentan aspectos como el número de palabras totales utilizadas, número de frases, palabras medias por frase, número de palabras fuertes o conceptos clave expresados en cada frase, etc... La idea principal en este análisis es utilizar un número adecuado en relación al texto que se quiere utilizar.

En el análisis connotativo, se deben buscar las palabras que mejor describan los aspectos cualitativos de la idea que se quiere transmitir, más allá de su estricto significado, y desde el punto de vista de las emociones que despierta el texto al ser leído o evocado. No es lo mismo por ejemplo, hablar de "coordinación de tareas y objetivos" que decir "trabajo en equipo". Siendo ambos conceptos similares, las connotaciones del segundo son generalmente más expresivas que las del primero. El análisis connotativo buscará también evitar que las palabras expresen sentimientos no adecuados, tanto por defecto como por exceso. Así, deben evitarse expresiones demasiado optimistas o frases poco motivadoras.

En la realización de ambos análisis, la misión puede testearse con algunos mandos y empleados para obtener de ellos sus opiniones, interpretaciones y posibles sugerencias (Want, 1986, 49). En definitiva, cuanto más ajustada sea la connotación de las palabras a los mensajes que buscamos expresar, mayor será su capacidad de ser transmitida y "conectar" con la gente de manera efectiva. Como práctica habitual, la misión puede presentarse en un texto breve, que recoja de forma concisa la esencia de la contribución de la empresa a sus stakeholders principales.

SAMPLE S.A.

"La misión de nuestra empresa es satisfacer las necesidades de los CLIENTES y mejorar de forma continua nuestros productos y servicios. Este compromiso se extiende a la retribución justa a nuestros ACCIONISTAS, el desarrollo de los EMPLEADOS, un buen ambiente de trabajo y una contribución activa a nuestra COMUNIDAD."

4°.- Comunicar la misión formal a los empleados y otros agentes

Una vez elaborado el texto de la misión, el siguiente paso a realizar corresponde a su comunicación a los propios empleados de la empresa y otros agentes. Esta actividad de comunicación tiene una doble función: transmitir el contenido de la misión y formalizar el compromiso de la empresa con la misma. Es precisamente esta segunda función la que otorga a la misión el carácter formal al que venimos haciendo referencia. De hecho, un texto de misión definido y aprobado por los órganos de gobierno, pero no comunicado al colectivo de la empresa, no sería la misión formal a la que aquí nos estamos refiriendo. La misión formal es un compromiso que afecta a todos los miembros de la organización y en consecuencia debe ser conocido por todos.

Para la realización de esta comunicación de la misión formal, existe un gran número de métodos e ideas propuestos por diferentes expertos de misión[104]. Estas propuestas recogen lo que son prácticas habituales en muchas empresas como, por ejemplo, enviar cartas desde la presidencia, realizar sesiones informativas, colgar carteles en las paredes de las oficinas, imprimir la misión en objetos de oficina (como pisapapeles o alfombrillas del ratón), grabar la misión sobre prendas de vestir (como camisetas o gorras), tarjetas de bolsillo o calendarios, realizar vídeos explicativos, publicaciones en la intranet, foros en internet, etc…

[104] Ver, por ejemplo, Want (1986, 49), Abrahams (1995, 33-45) o Jones and Kahaner (1995, 265).

De entre todas estas acciones de comunicación, no creemos que pueda establecerse una regla general sobre cuáles son las más convenientes. De hecho, algunas de estas acciones, que en algunas empresas pueden funcionar muy bien, en otras pueden no ser recomendables o incluso caer en el ridículo. La elección de los elementos de comunicación más adecuados será probablemente una cuestión a analizar de forma individualizada en cada caso, pero siempre teniendo en cuenta, tanto su efectividad, como su adecuación a la cultura específica de la empresa.

5º.- Revisar y actualizar la misión formal y su comunicación

El siguiente paso, tras la comunicación de la misión formal, es la actualización / revisión de la misma, cada cierto tiempo, con el propósito de mantener en vigor tanto su contenido como la efectividad de su comunicación. De hecho, una misión desactualizada puede tener serías consecuencias para la empresa y es responsabilidad de los directivos la actualización y puesta al día de la misma (Drucker, 1974, 89). En definitiva, la misión no tiene porqué ser un documento escrito en piedra. Por ello, cada cierto tiempo, convendría hacer una revisión de la misión formal para asegurar que permanecen vigentes los supuestos básicos que la sostienen. Esta revisión / actualización puede ser de dos tipos: revisión del contenido y revisión de la comunicación. La actualización del contenido de la misión afecta tanto a los conceptos (stakeholders y contribuciones) como a la forma de expresarlos. La actualización de la comunicación afecta a los medios y canales que se utilizan para hacer llegar la misión a los empleados de manera efectiva.

Como indicación temporal sobre cuándo hacer la revisión / actualización del contenido de la misión, puede servir como referencia la afirmación de Drucker (1974, 89) de que, por lo general, la validez que podría esperarse de una misión está en torno a los diez años. Ahora bien, también pueden ser motivos relevantes para la revisión cuestiones como:

- Cambios en las necesidades o expectativas de los stakeholders: como pueden ser, por ejemplo, nuevas necesidades de los clientes o crecientes expectativas que puedan tener los empleados sobre aspectos como la conciliación o el desarrollo.

- Fusiones o adquisiciones de empresas: especialmente cuando afecten a la propia identidad de la empresa y a los organiza de gobierno.

- Movimientos estratégicos: como por ejemplo, la entrada en nuevos mercados o procesos de internacionalización.

- Cambios sustanciales en el gobierno de la empresa: cambios en el accionariado, en la presidencia, en los consejeros, etc…

- Cambios sustanciales en la organización: renovación de la dirección general, cambio de equipo directivo, cambios significativos en la composición de la plantilla, etc…

Ya sea por una de estas causas, o como revisión periódica, la revisión o actualización del contenido de la misión puede realizarse siguiendo las mismas metodologías mencionadas anteriormente para la definición de la misma (sesiones de reflexión de la dirección, cuestionarios, focus groups, entrevistas,...). Si bien, por lo general, un ejercicio de revisión debería requerir un menor esfuerzo en cuanto a recursos y medios que un ejercicio de definición de la misión[105].

La segunda cuestión sobre la que prestar atención en cuanto a la revisión / actualización de la misión formal, hace referencia a las formas y medios de comunicación de la misma. Para mantener vigente la misión formal, hay que asegurar que la misión sigue llegando de forma clara y concreta a la organización, tanto en su contenido, como en su carácter simbólico, es decir, como compromiso fundamental de la empresa. Esta es una cuestión de relevancia puesto que, al igual que ocurre en otro tipo de acciones de comunicación -como la publicidad o las campañas informativas-, es muy probable que los medios utilizados en un momento dado, con el tiempo vayan perdiendo efectividad. Por ejemplo, un cartel de 2 metros en la entrada de las oficinas con el texto de la misión, puede tener un gran impacto simbólico en tanto capta inicialmente la atención de los empleados pero, con el paso de los años, puede que este medio pierda su impacto, hasta el punto en que ya no despierte interés, ni nadie se pare a leerlo.

De hecho, se debe analizar la conveniencia de hacer, cada cierto tiempo, cambios en las formas de comunicar para "mantener vivo" el mensaje. De esta forma, aunque la misión permanezca en cuanto al contenido, podrá ser muy conveniente mantener cierta constancia en el lanzamiento de nuevas comunicaciones y desarrollo de nuevos medios que mantengan actualizado el carácter simbólico de la misión.

---

[105] De cara a la realización de las revisiones periódicas de la misión conviene mantener bien documentado y archivado tanto el proceso de definición de la misión (resultado de los focus groups, entrevistas, reuniones de directivos, etc...) como el proceso seguido en las sucesivas revisiones de la misma.

En definitiva, la misión formal nunca puede verse como una acción puntual o estática. La misión formal requiere de una actualización periódica de su contenido y de una actualización continua de su comunicación para mantener vigente su validez y conservar "vivo" su carácter simbólico.

> **SAMPLE S.A.**
>
> Revisión / actualización periódica de la misión:
>
> • ¿Nos parece adecuada la misión tal y como está enunciada en la actualidad?
>
> • ¿Existen aspectos relevantes de nuestra contribución a los principales stakeholders que no estén recogidos en nuestra misión actual?
>
> • ¿Existe una forma mejor de expresar la esencia de nuestra contribución a nuestros clientes, accionistas, empleados,...?

7.4.- El despliegue de la misión formal

Una vez definida y comunicada la misión formal, tendremos un enunciado general que recoge el "para qué" de la empresa. Este enunciado es, por definición, poco específico y, generalmente, no directamente aplicable al contexto particular de los empleados. De hecho, estrictamente, la misión de la empresa no tiene un significado propio para los miembros de la organización (Barnard, 1936, 88) y, por si sola, es insuficiente para ser relevante en la gestión (Barktus y Glassman, 2000, 27). Como consecuencia, a medida que nos alejamos de la alta dirección, la misión de la empresa tiende a perder identificación con los niveles inferiores si éstos no conocen, de manera concreta, en qué forma la misión afecta a su realidad particular. De hecho, es frecuente que, a pesar de que las empresas suelen realizar una intensa comunicación de la misión, los trabajadores no llegan a saber cómo les afecta a ellos de manera específica (Calfee & David, 1993, 54).

Frente esta realidad, una práctica relativamente frecuente en las empresa es la de invitar a los grupos, divisiones o empleados a que realicen una reflexión de misión a su nivel particular. Es decir, promoviendo entre los empleados que reflexionen y concreten en una declaración formal el "para qué" de su división, departamento o puesto de trabajo. Ahora bien, como hemos visto anteriormente, es necesario que estas misiones estén coordinadas entre ellas mediante mecanismos de despliegue que aseguren la consistencia entre la misión de la empresa y las misiones de niveles inferiores. Para ello, creemos conveniente emplear la metodología de Warner (1995,8), que consiste en desplegar la misión en sentido vertical, de "arriba-abajo", abarcando tres niveles: misiones "divisionales" (en el caso de existir divisiones en la empresa), misiones "departamentales" y misiones "personales". Según la metodología de Warner, la forma de construir estas misiones es añadiendo a la misión de orden superior las particularidades de la misión específica de la división, departamento o persona de la organización. De forma práctica, este despliegue debe ser presentado en una sola página de manera que facilite su comunicación y comprensión.

Para Warner, este proceso de despliegue de la misión presenta seis ventajas desde un punto de vista práctico: (1) una mayor congruencia, (2) una consideración particular para cada división departamento o individuo, (3) eliminación de la repetición, (4) brevedad de exposición, (5) visión global del conjunto de la empresa y (6) más capacidad para obtener el compromiso e implicación de los empleados en la misión.

Aunque Warner no lo especifica explícitamente, podemos pensar que las recomendaciones presentadas en el apartado anterior acerca de la misión de la empresa deben ser consideradas también para estas misiones de orden inferior. Por tanto, las misiones "anidadas" deben ser concisas y deben recoger la esencia del valor que aporta la actividad que realiza la división, el departamento, o la persona, a la misión de la empresa. De hecho, los mismos pasos que hemos establecido para la misión formal de la empresa –identificar stakeholders principales, establecer compromisos, análisis denotativo y connotativo, revisión/actualización- pueden servir como proceso para la definición de sub-misiones a distintos niveles de la empresa[106].

En resumen, una vez definida la misión del conjunto de la organización, ésta debe desplegarse en misiones formales en las diferentes áreas de la empresa, pudiendo llegar, cuando se considere necesario, hasta el nivel particular de cada miembro de la organización.

7.5.- Criterios para el despliegue de la misión formal

Desde el punto de vista práctico, el método de despliegue de Warner ofrece una mayor capacidad de comunicación y desarrollo de la misión. Sin embargo, el hecho de definir nuevas misiones a distintos niveles, no asegura que el conjunto de misiones sea consistente. Esta cuestión fue analizada y desarrollada por Cardona y Rey (2005) estableciendo que las misiones de niveles inferiores no son, en sí mismas, nuevas misiones, sino que deben participar de la misión de la empresa (de ahí que les llamen *misiones participadas).* En este sistema, cada una de las misiones participa de la misión de orden superior: "participar significa tomar parte, responsabilizarse de algo integrado en un todo. Por ejemplo, la misión de un miembro de un equipo debe orientarse a la misión del equipo. Así, todo el mundo participa, de un modo u otro, de la misión de la empresa. Además, el conjunto de misiones inferiores debe completar la misión superior. Las misiones no serían completas si la realización de todas las misiones inferiores no implicase la realización de la misión superior" (Cardona y Rey, 2005, 98). Para asegurar esta participación y consistencia del proceso de despliegue de la misión, estos autores presentan tres criterios que deben cumplir las misiones participadas:

---

[106] A su vez, los procesos de comunicación y actualización / revisión de la misión afectarán normalmente a las misiones de orden inferior ya que los cambios en la misión de la empresa suelen tener como consecuencia cambios en las misiones de las divisiones, departamentos o personas.

El criterio de inclusión

Según este criterio, cada misión participada debe contribuir a realizar la misión de orden superior y, en último término, debe contribuir a la misión de la empresa. En caso contrario se corre el riesgo de que cada área o departamento establezcan misiones al margen de la misión de la empresa. En la práctica, el criterio de inclusión puede cumplirse garantizando que existe una relación directa entre cada uno de los compromisos de las misiones participadas y la misión de la empresa. De esta forma las misiones participadas pueden concretar o especificar la misión de la empresa, pero en ningún caso añadir nuevas cuestiones que no hayan sido recogidas en la misión de la organización. Así, a pesar de que existan varias misiones a distintos niveles, no son nunca nuevas misiones sino concreciones de única misión formal de la empresa.

El criterio de complementariedad

Este criterio vela por que exista una lógica "de proceso" entre las diferentes misiones participadas de forma que las misiones se complementen entre ellas y no compitan entre sí. Si tomamos como ejemplo el servicio al cliente (un elemento presente en la misión de la mayoría de las empresas), el criterio de complementariedad debe asegurar que la forma en que cada área define su contribución al cliente sea complementaria a la de las demás. Lo mismo sucede con otros ámbitos de la misión, como pueden ser los accionistas, los empleados u otros stakeholders. Además, como herramienta que ayude a una mayor complementariedad entre misiones participadas, las misiones pueden incluir compromisos relacionados con la interdependencia existente entre las diferentes misiones. Un subsistema del despliegue de la misión denominado "matriz de interdependencias"[107].

---

[107] La matriz de interdependencias recoge las diferentes relaciones cliente-proveedor interno que existen en una empresa. Identificar las relaciones de interdependencia que existen entre áreas o departamentos, no suele ser, por lo general, un ejercicio complejo. En la práctica, debemos preguntarnos: ¿qué contribución necesito de otras áreas para realizar mi misión participada? Y a su

El criterio de coherencia

Si el criterio de complementariedad comprueba la consistencia entre misiones participadas en sentido transversal, el criterio de coherencia valora que las misiones participadas sean coherentes con la misión o misiones de orden superior. Para asegurar este criterio, cada misión debe estar aprobada por el titular de la misión superior. De esta forma se consigue que las directrices marcadas desde la alta dirección lleguen efectivamente hasta la base de la organización y que el conjunto de misiones participadas sea coherente en toda la cadena de mando.

A su vez, de igual forma que la misión de la empresa debe cubrir, como mínimo, la contribución a los principales stakeholders -clientes, accionistas y empleados[108]-, las misiones divisionales, departamentales o personales deben cumplir también este criterio. Dado que no todos los departamentos o personas tienen siempre el mismo grado de impacto sobre estos tres stakeholders, su contribución a los mismos podrá ser más o menos directa. En el caso del servicio al cliente, por ejemplo, la contribución de un comercial es más directa que la de un operario de producción o un financiero, de igual forma que la contribución a los empleados puede ser más directa en un departamento de RRHH que en un departamento de ingeniería. Sin embargo, desde el punto de vista del desarrollo de la misión en su conjunto, es importante que, aunque sea de manera indirecta, todas las áreas y personas de la empresa tengan presente, en sus misiones particulares, cómo contribuyen a la misión en lo referente a los clientes, accionistas y empleados. Como veremos más adelante -especialmente para el desarrollo de la misión motora-, es altamente conveniente que las misiones de todos los departamentos y personas de la empresa tengan en consideración a los principales stakeholders de la organización.

---

vez, ¿qué contribución necesitan otros de mí para poder llevar a cabo su misión participada? (Cardona y Rey, 2008, 92-93).

[108] Como comentábamos anteriormente, los stakeholders principales de algunas organizaciones pueden no ser estos tres. En casos como éste aplicaría este criterio al menos en lo referente a los clientes y empleados.

Como ilustración gráfica de este proceso, exponemos a continuación un ejemplo en el que puede verse el despliegue de una misión formal en distintas áreas de la empresa. Esta ilustración, que sigue el ejemplo presentado anteriormente, describe el proceso de despliegue de la misión de una empresa genérica en cuatro áreas: ventas, producción, finanzas y RRHH. Como puede verse, todas las misiones de las áreas recogen su contribución a los principales stakeholders de la empresa -clientes, accionistas, empleados y comunidad- especificando, para cada uno de ellos, una posible concreción de la esencia de la contribución específica del departamento a los distintos ámbitos de la misión.

SAMPLE S.A.

MISIÓN PARTICIPADA: DPTO. VENTAS

CLIENTES
- Mantener una relación de confianza
- Conocer e implicarse en su negocio
- Proponer e implementar mejoras técnicas y de servicio

ACCIONISTAS
- Asegurar la cifra de ventas y margen

EMPLEADOS
- Formación continua en ventas y productos
- Apoyo mutuo entre comerciales
- Buena relación jefe-colaborador

COMUNIDAD
- Promover prácticas medioambientales

MISIÓN PARTICIPADA: DPTO. PRODUCCIÓN

CLIENTES
- Calidad y cumplimiento de la planificación
- Ser flexibles ante las demandas del cliente
- Replanteamiento constante de productos y procesos

ACCIONISTAS
- Productividad y uso eficiente de los recursos
- Asegurar el retorno de las inversiones

EMPLEADOS
- Mejora continua y formación técnica
- Trato humano, corrigiendo con respeto
- Promover la conciliación trabajo-familia

COMUNIDAD
- Optimizar el uso de energía y reciclaje

MISIÓN PARTICIPADA: DPTO. FINANZAS

CLIENTES
- Claridad y transparencia con los clientes
- Entender sus necesidades y buscar soluciones flexibles

ACCIONISTAS
- Proveer información útil para la toma de decisiones
- Transparencia, fiabilidad y puntualidad
- Velar por la optimización del circulante

EMPLEADOS
- Autonomía y responsabilidad personal
- Mejora continua y reciclaje periódico en formación
- Actitud de servicio

COMUNIDAD
- Cumplimiento de la ley y los principios éticos

MISIÓN PARTICIPADA: DPTO. RRHH

CLIENTES
- Impulsar la cultura de servicio en toda la empresa
- Canalizar las propuestas de mejora de los trabajadores

ACCIONISTAS
- Aportar valor con desarrollo de talento y mejoras organizativas
- Optimizar los costes de personal

EMPLEADOS
- Promover el desarrollo del talento en toda la empresa
- Velar por la existencia de un buen clima de trabajo

COMUNIDAD
- Impulsar la participación en acciones sociales y de cooperación

CAPÍTULO 8.- LA DIMENSIÓN DINÁMICA

Siguiendo con el desarrollo de nuestro modelo tridimensional de misión, vamos a centrar nuestra atención en su dimensión dinámica, que llamaremos *misión dinámica*. Esta dimensión está relacionada con nuestra propuesta de considerar la misión como una variable cuantitativa y, a su vez, con las propuestas, más o menos implícitas, de diversos autores de utilizar la misión como medida para evaluar el rendimiento de la empresa y establecer objetivos (p.ej. Drucker, 1974, 74; Pearce, 1982, 15). En este capítulo, vamos a tener en cuenta estas contribuciones poniendo de manifiesto que lo que subyace en todas ellas, no es simplemente una forma de considerar la misión como una "referencia" o una orientación para cuestiones estratégicas u organizativas. Estas propuestas hacen están relacionadas con lo que es, en esencia, una dimensión constitutiva de la misión que, de forma indivisible, está íntimamente relacionada con sus otras dos dimensiones.

Inicialmente, vamos a exponer en qué consiste la misión dinámica, sus fundamentos teóricos y algunas de las principales dificultades para su desarrollo. A continuación veremos una propuesta metodológica para el desarrollo de la misión dinámica y proseguiremos con el despliegue de la misión dinámica en los diferentes niveles de la empresa. Finalmente, como forma de reforzar el desarrollo de la misión dinámica, veremos una propuesta metodológica para la elaboración de auditorías que aseguren la consistencia entre la misión dinámica y los sistemas de gestión.

8.1.- La misión dinámica: perspectiva cuantitativa de la misión

La misión dinámica es el *grado de realización* de la misión formal de la empresa. Si la misión formal es la respuesta al "para qué" de la empresa expresada de forma cualitativa, la misión dinámica es la respuesta a la misma cuestión, pero expresada de forma cuantitativa. Es decir, mientras que la misión formal se enuncia con términos cualitativos como "nuestra misión es el servicio al cliente", la misión dinámica se expresa mediante términos cuantitativos como, por ejemplo, "Índice de calidad de servicio al cliente = 70 sobre 100". Ambas dimensiones de la misión –formal y dinámica- son inseparables y forman parte del concepto tridimensional de misión que aquí proponemos puesto que expresan el mismo concepto –el "para qué" de la empresa-, aunque de formas distintas.

Desde un punto de vista práctico, la misión dinámica tiene dos expresiones básicas. La primera corresponde a lo que podríamos llamar el *dinamismo pasado* de la misión, que hace referencia a la *misión realizada*. Esta expresión de la misión dinámica está relacionada con lo que comúnmente se llama la "evaluación del rendimiento"[109] a través de la cual la empresa analiza y evalúa los resultados obtenidos. En definitiva, es la respuesta a ¿en qué medida estamos realizando nuestra misión?

La segunda expresión básica de la misión dinámica corresponde al *dinamismo futuro* de la misión, que hace referencia a la *misión a realizar*. Esta expresión del dinamismo futuro de la misión está relacionada con lo que comúnmente se conoce como "objetivos", a través de los cuáles la empresa concreta los retos o metas a

---

[109] Utilizamos aquí la expresión "evaluación del rendimiento" si bien este término no se corresponde exactamente con lo que queremos expresar aquí con la misión dinámica. Esto es debido a que la palabra "rendimiento" suele estar acotado en el ámbito de lo económico o financiero y la misión dinámica, incluye además otros aspectos. En este sentido, sería más adecuada la expresión equivalente en lengua inglesa "performance evaluation" que tiene una connotación más amplia. De cualquier forma, utilizaremos aquí los términos "evaluación del rendimiento", si bien, con un significado equivalente al de "performance".

alcanzar para un determinado periodo. En definitiva, es la respuesta a la pregunta, ¿en qué medida vamos a realizar nuestra misión?

Lo relevante en la misión dinámica es, por tanto, en qué grado, o en qué medida, la empresa está realizando y proyecta realizar su misión formal. De alguna forma, podríamos decir que la misión dinámica equivale a los *resultados* de la empresa. Pero cuando hablamos aquí de resultados, no sólo nos referimos a aspectos económicos, sino a un concepto más amplio que abarca todo el ámbito de la misión formal (clientes, empleados,...).

La misión dinámica está relacionada con las propuestas de diversos expertos de utilizar la misión como referencia para evaluar el rendimiento de la empresa y establecer objetivos (Drucker, 1974, 74)[110]. En definitiva, la cuantificación de la misión es una cuestión abordada de forma extensa por la literatura, pero, como veíamos anteriormente, su materialización en la práctica presenta grandes lagunas. De hecho, si bien es común que las empresas definan una misión y la comuniquen a sus empleados, es significativamente menor el porcentaje de empresas que miden, evalúan y comunican a sus empleados el grado de desarrollo de la misma (Bart, 1996, 530). Como consecuencia, en una empresa donde la misión formal esté definida y comunicada de forma exhaustiva, si preguntamos a los empleados en qué medida la empresa está cumpliendo con esa misión, es probable que no obtengamos siempre respuestas consistentes. Incluso en el seno de la dirección, podríamos encontrar grandes diferencias entre los directivos si les preguntamos acerca del grado de realización de la misión. De hecho, a pesar de existir en las empresas diversos aparatos de control, elementos de medición, contabilidades analíticas, contabilidades financieras, ratios de diversos tipos y numerosas fuentes

---

110 Otras propuestas relacionadas son: trasladar el propósito de la organización en parámetros de evaluación y control (King & Cleland, 1979, 124), utilizar la misión como base para la elaboración de la planificación de la empresa (Pearce, 1982, 15), utilizar la misión como criterio fundamental para evaluar el rendimiento (Bart, 1997, 16), hacer uso de la misión como mecanismo de control (Bartkus, 2004, 394), concretar la misión en resultados específicos (Crotts, 2005, 56) o la creación de "cuadros de mando de la misión" que reflejen el grado de avance de la misión a lo largo del tiempo (Cardona y Rey, 2005, 116-119).

de información, la pregunta ¿en qué medida estamos realizando nuestros fines? puede quedar fácilmente en el ámbito de lo implícito, lo inespecífico, lo ampliamente interpretable...

En nuestra opinión, una correcta definición e implementación de la misión requiere que la empresa disponga de mecanismos específicos que permitan medir el grado de realización de la misma. De igual forma que es importante que las personas conozcan *cuál* es la misión de la empresa (misión formal), es de gran relevancia que conozcan *en qué medida* se está realizando esa misión (misión dinámica). La misión dinámica, por tanto, debe hacer referencia explícita a los fines de la empresa cubriendo todo el ámbito de la misión formal y, a su vez, debe ser reconocida como tal por los miembros de organización. Es decir, debe ser identificada por los miembros de la empresa como el grado de realización de la misión. Igual que la misión formal, la misión dinámica tiene un carácter descriptivo, en tanto indica unos determinados resultados, pero tiene también un carácter simbólico, en tanto representa el grado avance del compromiso básico de la empresa con los fines de la misma.

Ahora bien, estrictamente, igual que puede haber misiones formales "no escritas", también puede haber misiones dinámicas que no precisen de mecanismos específicos para su definición y difusión. Este sería el caso de empresas en las que el grado de realización de la misión fuera algo tan evidente que pudiera explicitarse mediante la mera observación. Algo que, en el esquema de misión que manejamos aquí -como la contribución a determinados stakeholders-, nos parece más bien una posibilidad remota. Pero incluso en estos casos, no vemos ninguna ventaja en no disponer de mecanismos específicos y explícitos –por muy sencillos que estos sean- que faciliten un desarrollo consistente de la misión dinámica. Por este motivo, cuando hablemos de la misión dinámica, nos referiremos a la cuantificación de la misión formal mediante mecanismos específicos pero conviene tener en cuenta que, igual que la misión formal no está limitada a lo que pueda escribirse en una "declaración de misión", la misión dinámica no está limitada a una determinada metodología o mecanismos específicos[111]. De hecho, la metodología para la expresión de la misión dinámica que vamos a presentar aquí -que está basada en indicadores de medición-, bien puede complementarse con otras formas de evaluar el grado de realización de la misión, como pueden ser el grado de realización de determinados proyectos o el grado de cumplimiento de determinados planes de acción.

8.2.- Dificultades para el desarrollo de la misión dinámica

Si dar respuesta a la cuestión de los fines de la empresa no es generalmente un ejercicio sencillo, la cuestión de cómo medir el grado de realización de estos fines no está exenta de dificultades. En el desarrollo de la misión dinámica son relevantes las mismas dificultades señaladas para el desarrollo de la misión formal: la dificultad de lograr un consenso entre los directivos (Drucker, 1974, 75), la existencia de discrepancias difíciles de resolver internamente (Mc Gowan, 1986, 59-60), la excesiva dedicación de los directivos en cuestiones administrativas y operativas (David, 1989, 95) o la cantidad de tiempo / recursos que estos ejercicios representan (Baetz, 1996, 530). De hecho, en relación a la misión dinámica, todas estas cuestiones pueden presentar todavía un inconveniente mayor. Por ejemplo, decidir en una empresa que "el servicio al cliente" forma parte de su misión formal, puede ser relativamente fácil, pero ponerse de acuerdo entre los directivos sobre cuál es la mejor manera de medir ese "servicio al cliente", puede ser un ejercicio que entrañe un mayor grado de debate y discusión. Otras de las dificultades citadas, como pueden ser la falta de tiempo o de recursos, también son aquí relevantes pues, por lo general, los esfuerzos a

[111] Ahora bien, aunque se puede desarrollar la misión formal "no escrita" y la misión dinámica "sin indicadores", no vemos ventaja alguna en este tipo de misiones, salvo en los casos en los que tener una misión escrita sea peor que no tenerla o que medir el avance de la misión sea peor que no medirla.

dedicar para el desarrollo de la misión dinámica pueden ser iguales o incluso mayores que la misión formal[112].

Ahora bien, junto a estas dificultades, que hacen referencia a todo el ámbito de la misión en su conjunto, la misión dinámica presenta unas dificultades específicas. Se trata de cómo encontrar una forma de medir el avance de la misión que sea fiable y representativa de la realidad, y a su vez, que sea comprensible por parte de los miembros de la organización. Entre las dificultades existentes, podemos desatacar las siguientes:

Alto grado de elementos intangibles: conocer el grado de realización de la misión formal requerirá comúnmente de la medición de cuestiones de carácter intangible como "la satisfacción de los clientes", "el desarrollo de los empleados", etc... Como es bien conocido por la literatura del campo, la medición de estas variables no está exenta de problemas y encierra un cierto grado de subjetividad (Kaplan & Norton, 2004, 63).

Carencia de medidas normalizadas: Una segunda dificultad, relacionada en parte con la primera, es la carencia de medidas normalizadas en muchos de los ámbitos que pueden estar recogidos en una misión. En aspectos como "el valor al accionista", sí podemos encontrar medidas comúnmente utilizadas (ROI, ROE, PER,...) pero, en otras cuestiones –como "el servicio al cliente" o "el desarrollo de los empleados"- no es fácil encontrar medidas estándar o normalizadas con las que realizar la medición,... Este hecho presenta dos problemas: el primero es que, generalmente, para algunos ámbitos de la misión, los elementos de medición deberán ser hechos "a medida", con la correspondiente inversión en recursos que

[112] Una forma de optimizar estos esfuerzos puede ser el de desarrollar la misión formal y la misión dinámica de manera conjunta, lo que además tienen una mayor consistencia desde el punto de vista práctico. Ahora bien, este caso aplicará a un colectivo de empresas no muy amplio, pues por lo general, especialmente en las grandes organizaciones, las empresas ya tienen una misión definida en el plano cualitativo, por lo que el desarrollo de la misión dinámica sería un proceso específico.

esto significa; el segundo problema es que al no existir estándares no es fácil establecer comparativas entre empresas[113].

Variables de distinta naturaleza: como consecuencia de los dos puntos anteriores, la misión dinámica requerirá normalmente de una descomposición de variables en cada uno de los ámbitos de la misión de la empresa. Por ejemplo, aspectos de la misión relacionados con el cliente se pueden desagregar en cuestiones como encuestas de satisfacción (mc1), número de quejas (mc2), número de envíos devueltos (mc3),... aspectos relacionados con los accionistas en ratios de beneficio (ma1), retorno (ma2),... aspectos de empleados en desarrollo (me1), clima laboral (me2),... Por lo que la misión dinámica podría ser:

Misión dinámica = mc1+mc2+...+ma1+ma2+...me1+me2+...

Ahora bien, dada la distinta naturaleza de las variables y la distinta unidad de medida de cada una de ellas -por ejemplo, retorno de la inversión y calidad de servicio percibida- no será a menudo sencillo expresar la misión dinámica como una fórmula matemática. Por lo que, comúnmente, será necesario de otro tipo de expresión de la misión dinámica que permita analizar, de manera conjunta, variables de distinta naturaleza.

[113] A veces, la utilización de determinados rankings competitivos (Kaplan y Norton, 1992, 176) como los realizados por una compañía externa especializada –como pueden ser, por ejemplo, Nielsen, el "great place to work", premios de excelencia u otro tipo de rankings sectoriales-, pueden ser utilizados como forma de medir el avance de algún aspecto de la misión. Pero, incluso en estos casos, estos indicadores serán a menudo insuficientes para medir el grado de desarrollo de la misión de cada empresa en particular. Por ejemplo, un ranking comparativo de universidades no necesariamente es lo más adecuado para indicar el desarrollo específico de la misión de cada una de ellas.

8.3.- Misión dinámica y Balanced Scorecard

Las dificultades enunciadas en el apartado anterior para el desarrollo de la misión dinámica no son exclusivas del campo de la misión. De hecho, son dificultades comunes a otros campos del mundo de la empresa, como son el cálculo de valoración de empresas, la medición de capitales intangibles (capital intelectual, capital humano, capital organizativo, etc...) o la medición de la estrategia. El análisis de esta literatura nos ofrece diferentes soluciones como, por ejemplo, el Value Creation Index, Skandia Navigator, Balance Scorecard, Intangible assets Monitor, etc... (Wulf, 2009, 549). Todas ellas metodologías multidimensionales que combinan la medición de aspectos tangibles e intangibles estableciendo indicadores para su valoración.

De entre estas metodologías, probablemente la más adecuada para el cálculo de la misión dinámica es el Cuadro de Mando Integral o "Balanced Scorecard" (BSC) que, desde su publicación a inicios de los 90', no ha dejado de crecer en popularidad en las empresas. De hecho, aunque nosotros no estemos del todo de acuerdo con esta afirmación -como veremos a continuación-, sus propios autores presentan esta metodología como una herramienta que demanda a los directivos traducir las declaraciones de misión en medidas específicas (Kaplan y Norton, 1992, 73).

Los estudios de Kaplan y Norton ponen en evidencia que la gran mayoría de indicadores que las empresas utilizan son de índole económico-financiera y a corto plazo. Frente a esta situación, proponen la elaboración de cuadros de mando formados por un conjunto de indicadores "balanceados" o equilibrados en cuatro perspectivas: cliente, financiera, procesos y aprendizaje-crecimiento. El cuadro de mando, en tanto establece metodologías para la medición de intangibles mediante la descomposición de variables, da respuesta metodológica a los problemas enunciados anteriormente y, además, en tanto cuadro de mando permite presentar la evolución de la misión dinámica sin necesidad de realizar su agregación en una única variable[114]. Ahora bien, como acabamos de introducir, el BSC tiene muchas cosas en común con la misión dinámica aunque también algunas diferencias relevantes, como veremos enseguida.

Aunque pudiera ser que los autores del BSC no hayan sido del todo conscientes de este hecho, el enfoque metodológico de las perspectivas del BSC está enormemente relacionado con el natural desarrollo de la misión en las últimas décadas, y más en concreto con lo que aquí llamamos misión dinámica. En nuestra opinión, podemos encontrar un gran paralelismo entre la tendencia encontrada por Stallworth (2008, 115) sobre el creciente papel de clientes, accionistas y empleados en las misiones corporativas y la creciente popularidad de las perspectivas del BSC (ver figura 15). De hecho, la rápida popularización de las "declaraciones de misión" a lo largo de los años 80' y 90' y la creciente popularización del Balance Scorecard desde mediados de los 90' hasta nuestros días, en nuestra opinión, siguen una tendencia común relacionada con la dimensión dinámica de la misión.

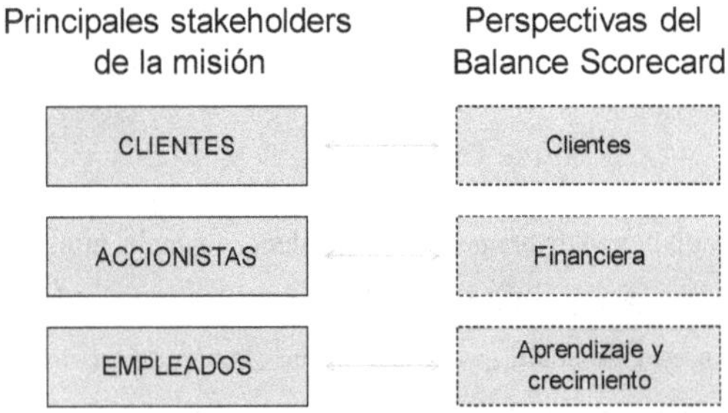

Figura 15. Principales stakeholders de la misión y Balanced Scorecard

[114] En este sentido, es relevante la afirmación de que en los intangibles "no es tan importante determinar un valor exacto, como conocer cuál es la evolución de los mismos" (Nevado y López, 2007, 54).

Ahora bien, el hecho de que la misión y el BSC sigan una tendencia común en cuanto a popularidad y expansión, no significa que el BSC sea equivalente a la misión dinámica de la empresa. El BSC no se corresponde exactamente con la misión dinámica pues entre ambos conceptos existen dos diferencias fundamentales.

La primera diferencia estriba en que el balance scorecard parte de unas perspectivas pre-establecidas que, generalmente, no contemplan todos los elementos que suelen tener las misiones de las empresas. De hecho, aunque el cuadro de mando contempla algunos aspectos de los stakeholders accionistas y empleados (perspectiva financiera y aprendizaje y crecimiento), las misiones de las empresas suelen abordar también otros aspectos en relación a accionistas y empleados más allá de estas dos perspectivas. Estos pueden ser, por ejemplo, en el caso de los empleados, el buen clima laboral, la coherencia con los valores o la conciliación de la relación trabajo-familia; en relación a los accionistas, la trasparencia en la gestión o el buen gobierno corporativo[115]. Además el BSC no contempla otras perspectivas como, por ejemplo, la contribución a la sociedad, un stakeholder común en más de un 70% de las declaraciones de misión (Williams, 2008, 115).[116]

Este es el primer motivo por el que el balance Scorecard no es equivalente, en la mayoría de los casos, a la misión dinámica. De hecho, la utilización del BSC como misión dinámica sólo sería válida en el caso de misiones cuyo contenido sea igual o inferior a las perspectivas del BSC. Situaciones que, como hemos visto, se dan sólo en un reducido porcentaje de las empresas de nuestros días. Ahora bien, aunque el BSC no es lo mismo que la misión dinámica, sí es un muy buen punto

[115] Sobre otros ejemplos de contribuciones a empleados recogidas en misiones de empresas, más allá de los aspectos financieros y de aprendizaje y crecimiento, ver el apartado 1.2 "La misión como contribución a determinados stakeholders" de esta tesis.

[116] La razón de fondo de estas diferencias está en que el BSC utiliza un concepto de misión centrado en el cliente (Kaplan y Norton, 2008, 64) que, como veíamos anteriormente, no se corresponde con la realidad de la mayoría de empresas de nuestros días (Williams, 2008, 115).

de partida para el desarrollo de la misma. Podríamos decir que una empresa que posee el BSC, tiene generalmente buena parte del camino recorrido.

La segunda diferencia fundamental entre el BSC y la misión dinámica hace referencia al carácter simbólico que debe tener una misión. Igual que la misión formal es más que un conjunto de palabras "escritas en un cartel", la misión dinámica es más que un conjunto de indicadores presentados en forma de cuadro de mando. La misión dinámica, además de tener un carácter descriptivo, debe tener un carácter simbólico, es decir, debe ser percibida como un símbolo que representa el grado de avance de los fines de la organización. El BSC tiene esta capacidad descriptiva pero, per-se, carece del carácter simbólico que requiere una misión dinámica. Trasformar un BSC en una misión dinámica requiere que sea percibido por los empleados como algo más que simplemente una herramienta de control o de planificación. Debe ser entendido e identificado de forma explícita como la forma de medir la misión de la empresa.

En resumen a lo expuesto, el BSC -un desarrollo presente en muchas de las empresas de nuestros días-, al igual que otras metodologías multidimensionales para la medición de tangibles e intangibles, pueden favorecer enormemente la creación de lo que aquí llamamos misión dinámica, si bien requieren dos adaptaciones importantes. Por un lado deben cubrir todo el ámbito de la misión formal y, por otro, deben compartir con la misión todo su carácter simbólico, algo que, como veremos a continuación, está relacionado con la forma en que se desarrolla y comunica la misión dinámica.

8.4.- Desarrollo, comunicación y actualización de la misión dinámica[117]

Una vez vistos los fundamentos conceptuales de la misión dinámica, y cómo la metodología del BSC puede ayudar a su desarrollo, vamos a detallar a continuación una propuesta metodológica para su desarrollo, comunicación y actualización. Para ello, haremos una fusión entre la metodología del BSC y las metodologías para la definición e implementación de una misión[118]. Es decir, las mismas propuestas de diversos autores sobre cómo desarrollar e implementar una misión que hemos considerado en la misión formal, las vamos a considerar aquí para el desarrollo de la misión dinámica[119]. Esta propuesta estructurada en siete apartados:

---

[117] Queremos llamar la atención que la propuesta que vamos a realizar aquí no pretende ser una propuesta definitiva, sino más bien una propuesta entre varias posibles. Debe ser tomada, por tanto, como un inicio o un punto de partida sobre el que, a base de futura experimentación e investigación, puedan desarrollarse nuevas metodologías. Además, hay que tener en cuenta que hemos tomado aquí el BSC como modelo de referencia sobre el que realizar mediciones multidimensionales de la misión. Sin embargo, el cruce metodológico que vamos a hacer aquí se podría hacer también tomando como base otros modelos multidimensionales de medición de intangibles como, por ejemplo, el Skandia Navigator (Edvinsson, 1997, 363-373), lo que resultaría en propuestas alternativas a la que aquí presentamos.

[118] Hemos de advertir, sin embargo, que si bien hemos optado aquí por la expresión de la misión dinámica en términos de indicadores, existen también otras formas de medir la misión dinámica, como pueden ser determinadas evidencias. Esto será especialmente relevante en aquellos aspectos de la misión donde sea difícil la realización de un indicador. En estos casos, podría sustituirse el uso del indicador por otro tipo de información como, por ejemplo, la realización de proyectos, cumplimiento de determinados objetivos o planes de acción, etc..

[119] Este modelo está construido teniendo en consideración las siguientes cuestiones:

- La solución del Balanced Scorecard como modelo multidimensional para la medición de tangibles e intangibles (Kaplan y Norton, 1996, 300-311).
- Las propuestas de Cardona y Rey (2005) sobre la realización de Cuadros de Mando de la misión y objetivos ligados a la misión.
- La recomendación de desarrollar metodologías específicas para el alineamiento de la misión y los sistemas de gestión.
- Las distintas recomendaciones de diferentes expertos de misión analizadas en el capítulo primero de esta tesis - *Drucker (1974), McGowan (1986),* Ireland & Hitt (1992), *Jones y Kahaner (1995,)...* - y que abarcan aspectos como: los responsables de definir una misión, la conveniencia de definir la misión mediante procesos participativos o la validez de la misión a lo largo del tiempo.
- Las metodologías que son comúnmente utilizadas para la definición de una misión analizadas en el capítulo segundo de esta tesis -Cochran, David & Gibson, (1985), Campbell y Nash (1992), Jones & Kahaner (1995) o Abrahams (1995, 33-45)-, en concreto, los aspectos que detallan cómo definir la misión mediante procesos participativos y cómo asegurar la correcta definición y comunicación de la misión desde el punto de vista de su comprensión y comunicabilidad.

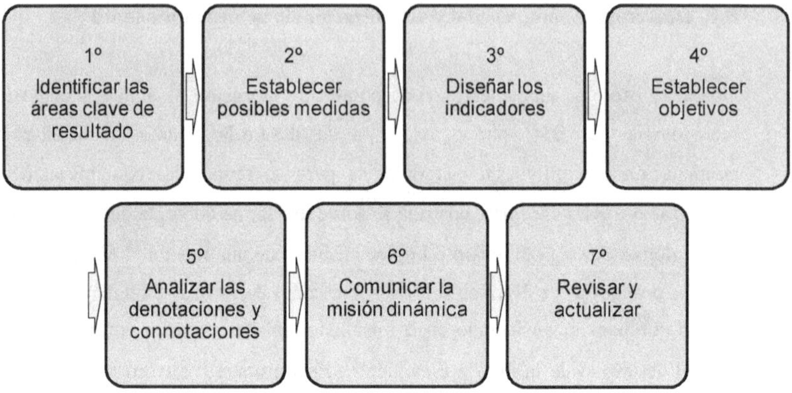

1º.- Identificar las áreas clave de resultado

El primer paso para la medición de la misión dinámica, es la identificación de las área clave de resultado de la misión, partiendo de los diferentes conceptos que componen la misión formal. Podríamos decir que se trata de descomponer la misión formal en sus variables principales. En algunos casos, cuando la misión ha sido expresada de forma breve y concreta centrándose en la contribución a los stakeholders, este ejercicio será relativamente sencillo. Pero cuando la misión está definida de forma amplia[120] -incluyendo en ella, además de la contribución a los stakeholders, otros aspectos como valores, historia,... - este ejercicio puede ser

---

- La consideración de la misión como la contribución a determinados stakeholders, siendo ésta una de las formas de entender el concepto misión que mayor presencia tiene en la actualidad (Bartkus & Glassman, 2007, 208) y que, en nuestra opinión, es la más coherente de cara a diferenciar el concepto misión de otros conceptos como estrategia, visión, valores, etc...
- Las recomendaciones específicas que se desprenden de los estudios de Kotter y Heskett (1992) por las que la misión debe contemplar, como mínimo, a los tres principales stakeholders de la empresa: clientes, accionistas y empleados.
- La recomendación de esta tesis de incluir en las metodologías para la definición y comunicación de la misión un apartado específico sobre la revisión / actualización de la misma, una cuestión ampliamente tratada en la teoría pero descuidada habitualmente en el desarrollo de las metodologías prácticas.

[120] Ver, por ejemplo, la misión de Mondragón comentada en capítulo primero, apartado cuarto.

algo más complejo, pues requiere separar lo que hace referencia específica a las contribuciones a los stakeholders de otros aspectos descriptivos de la misión.

Siguiendo con el ejemplo del capítulo anterior de una empresa genérica, vamos a ilustrar aquí el proceso de desarrollo de la misión dinámica, haciendo especial hincapié en cómo la misión dinámica se desarrolla de forma coordinada con la misión formal.

SAMPLE S.A.

"La misión de nuestra empresa es satisfacer las necesidades de los CLIENTES y mejorar de forma continua nuestros productos y servicios. Este compromiso se extiende a la retribución justa a nuestros ACCIONISTAS, el desarrollo de los EMPLEADOS, un buen ambiente de trabajo y una contribución activa a nuestra COMUNIDAD."

⇩

SAMPLE S.A.

Áreas clave de resultado de la misión:

CLIENTES
- Satisfacción de las necesidades de clientes
- Mejoras realizadas en los productos y servicios

ACCIONISTAS
- Retribución a los accionistas (beneficio / valor)

EMPLEADOS
- Desarrollo personal y profesional
- Buen ambiente de trabajo

SOCIEDAD
- Contribución activa a la comunidad

2º.- Establecer posibles medidas

Una vez concretadas las variables principales que componen la misión formal, el siguiente paso consiste en identificar posibles medidas para la evaluación de su grado de avance. Para cada una de las variables identificadas, daremos respuesta a ¿Cómo podemos medir su avance? ¿De qué fuentes de información disponemos? En definitiva se trata de identificar las medidas o indicadores que mejor comuniquen el significado de aquello que se quiere medir (Kaplan y Norton, 1996, 305)[121]. Este conjunto de indicadores debe servir para expresar lo que anteriormente hemos llamado el *dinamismo pasado* de la misión, es decir para mostrar el grado de avance de la misión de la misión a lo largo del tiempo.

Tomando las recomendaciones de diversos autores de definir la misión en un proceso participativo, es conveniente involucrar en este ejercicio a los directivos, mandos medios y empleados. Para ello, pueden usarse las metodologías comentadas en el capítulo anterior como son, por ejemplo, los cuestionarios, "focus groups", entrevistas estructuradas o semi-estructuradas... A su vez, en esta dimensión de la misión es especialmente importante asegurar el consenso por parte de la dirección, de forma que las medidas que se vayan a utilizar para medir el grado de avance de la misión formal no se perciban por los directivos como algo impuesto desde fuera. Siguiendo el principio de Ireland & Hitt (1992, 40), sería contraproducente desarrollar una misión que no tuviera, "tanto filosófica como operativamente", el compromiso de los directivos. De hecho, una parte del carácter simbólico de la misión dinámica al que hacíamos referencia anteriormente dependerá, tanto de la participación de los empleados, como del compromiso de los directivos en el proceso de identificación de las medidas para la medición de la misión.

[121] Como hemos comentado anteriormente, en el caso de áreas clave de la misión donde sea muy difícil especificar indicadores de medición, se puede optar por otras fuentes de información como, por ejemplo, la realización de determinados proyectos, el cumplimiento de determinados objetivos o planes de acción, etc..

De igual forma, para determinadas áreas clave de la misión, conviene también contar con la participación de los otros colectivos involucrados en ella como pueden ser clientes, accionistas, etc... una práctica defendida por diversos expertos de misión (Baetz y Bart, 1996, 532). Siguiendo con el ejemplo anterior, la opinión de los directivos y empleados sobre "cómo puede medirse la satisfacción de las necesidades del cliente" es de gran importancia pero, probablemente la respuesta a esta cuestión será más robusta si en ella participan también los clientes.

En definitiva, se trata de ir especificando, para cada unos de las áreas clave de resultado de la misión, las fuentes de información y medidas que permiten expresar su grado de avance, y hacerlo de forma que el resultado no sea sólo un mero ejercicio técnico o un trabajo de "consultores externos", sino que se defina como se debe definir una misión: con la participación e involucración de los empleados y, según sea posible, de otros agentes de la misión de la empresa.

SAMPLE S.A.

Posibles medidas / fuentes de información:

Áreas clave de resultado de la misión	Posibles medidas
CLIENTES	CLIENTES
• Satisfacción de las necesidades de clientes	- Índice de satisfacción de clientes
• Mejoras realizadas en los productos y servicios	- Porcentaje de facturación en nuevos productos y servicios
ACCIONISTAS	ACCIONISTAS
• Retribución a los accionistas (beneficio / valor)	- Beneficio e incremento de valor bursátil
EMPLEADOS	EMPLEADOS
• Desarrollo personal y profesional	- Inversión en formación y ratio de efectividad
• Buen ambiente de trabajo	- Encuesta de clima laboral
SOCIEDAD	SOCIEDAD
• Contribución activa a la comunidad	- Porcentaje de reducción del impacto medioambiental

3°.- Diseñar los indicadores

Una vez identificadas las posibles medidas para evaluar el grado de avance de la misión, el siguiente paso consiste en lo que algunos expertos en la materia llaman "el arte" de diseñar indicadores (Kaplan y Norton, 1996, 306). Especialmente en los aspectos intangibles de la misión, como pueden ser la satisfacción de los clientes o el desarrollo de los empleados, este ejercicio puede ser relativamente complejo. En estos casos, a menudo será necesario emplear medidas de investigación de mercado o encuestas que, generalmente, pueden suponer un empleo considerable de tiempo y recursos.

No vamos a detenernos en el arte de diseñar indicadores, materia de la que se puede encontrar abundante literatura[122]. Sobre lo que sí queremos llamar la atención es que este arte de diseñar indicadores se debe combinar con el arte de buscar lo esencial y lo más relevante, que es lo propio de todo lo que hace referencia a la misión de la empresa. De la misma manera que dos páginas de texto no son una buena forma de definir la misión formal, una misión dinámica formada por 50 indicadores no será probablemente una buena solución. No hay que olvidar que la misión dinámica no es una herramienta de control pormenorizado de todo lo que ocurre en la empresa, sino una forma de expresar el grado de avance de la misión que debe ser fácil de comunicar e interpretar por parte de los empleados.

[122] Por ejemplo, Kaplan y Norton (1996).

4°.- Establecer objetivos

Una vez establecidos los indicadores de la misión, hemos establecido una base con la que expresar su dinamismo pasado, es decir, una herramienta con la cual medir los resultados obtenidos. Ahora bien, esta expresión de la misión dinámica es incompleta si no va acompañada de la proyección del dinamismo futuro de la misión, que puede expresarse mediante lo que comúnmente se denomina objetivos, que aquí podríamos llamar *objetivos de la misión.* Siguiendo con la literatura común, estos objetivos deben cumplir los criterios conocidos bajo el acrónimo SMART (específicos, medibles, ambiciosos, realistas y acotados en el tiempo).

En consistencia con los pasos anteriores, estos objetivos deberán establecer la proyección del grado de realización de la misión, indicando, para cada una de las áreas de resultado de la misión los resultados a conseguir en un horizonte temporal determinado. De forma práctica, esto significa establecer "valores objetivos" para cada uno de los indicadores de la misión. De esta forma, la expresión pasada y la expresión futura de la misión dinámica mantienen una misma presentación y consistencia.

En cuanto al proceso de realización de esta *expresión del dinamismo futuro* de la misión mediante un conjunto de objetivos, conviene considerar aquí las recomendaciones de diversos autores de realizar la misión en procesos participativos. En su realización, por tanto, se deberá cuidar que exista un alto grado de consenso entre los directivos, así como involucrar, en la medida de lo posible, a los miembros de los distintos ámbitos y niveles de la empresa. A su vez, en función de la factibilidad, creemos que es conveniente involucrar en este ejercicio a los stakeholders de la misión.

En definitiva, la realización de estos objetivos de la misión debe seguir una consistencia con el proceso con que se realiza la misión formal. Realizar la misión formal en procesos altamente participativos y simbólicos y, posteriormente, definir la misión dinámica en procesos no participativos e impuestos desde fuera, en nuestra opinión, es una forma inconsistente y altamente contraproducente de desarrollar la misión de la empresa.

SAMPLE S.A.

Misión dinámica:

Áreas clave de resultado de la misión	Indicadores	Objetivos
CLIENTES • Satisfacción de las necesidades de clientes • Mejoras realizadas en los productos y servicios	CLIENTES - Índice de satisfacción de clientes (ISC) - Porcentaje de facturación en nuevos productos	CLIENTES - ISC > 75% - Porcentaje entre 20% y 30%
ACCIONISTAS • Retribución a los accionistas (beneficio / valor)	ACCIONISTAS - Beneficio	ACCIONISTAS - Beneficio > 10% sobre ventas
EMPLEADOS • Desarrollo personal y profesional • Buen ambiente de trabajo	EMPLEADOS - Inversión en formación y ratio de efectividad - Encuesta de clima laboral	EMPLEADOS - 5% de inversión total, efectividad > 80% - Encuesta de clima por encima del 75%
SOCIEDAD • Contribución activa a la comunidad	SOCIEDAD - % reducción del impacto medioambiental	SOCIEDAD - Reducción de impacto en 10%

5º.- Analizar las denotaciones y connotaciones

Una vez identificadas las áreas clave de la misión y establecidos los indicadores para su medición y los objetivos a alcanzar en un periodo determinado, el siguiente paso es la presentación de la misión dinámica de forma que sea fácil de transmitir y comunicar. Para ello conviene realizar en cada uno de los indicadores y objetivos, el mismo análisis denotativo y connotativo al que hacíamos referencia en la misión formal. Los indicadores y objetivos deber ser fáciles de entender e interpretar, algo probablemente común a las metodologías de indicadores y objetivos, pero que aquí es especialmente importante y es algo sobre lo que hay que poner un acento especial. A menudo no bastará con dar simplemente un dato, sino que convendrá ponerlo en contexto –por ejemplo, comparándolo con otros datos de periodos anteriores, con datos similares de otras empresas o contra un objetivo- de forma que se facilite su comprensión y evaluación. Es importante que los indicadores no sean confusos o se presten a interpretaciones contradictorias. Recordemos que la misión dinámica no es sólo descriptiva, sino que tiene que tener también un carácter simbólico y difícilmente serán aceptados unos indicadores como la forma de evaluar la misión si no se entiende qué es lo que están midiendo.

A su vez, en este paso se buscará que exista verdadera coherencia entre la misión formal y la misión dinámica, de forma que ambas sean percibidas por los miembros de la organización como dos partes integrantes de una misma misión. La expresión de la misión dinámica y la expresión de la misión formal deben seguir una misma línea, respetando aspectos como, por ejemplo, los términos utilizados o el orden de presentación de los stakeholders (recordemos que, de cara a las connotaciones que tiene para el que recibe el mensaje, no es lo mismo accionistas-clientes-empleados que clientes-empleados-accionistas).

También es importante aquí cuidar y verificar que los indicadores que se utilizan no posean connotaciones negativas o tecnicismos innecesarios. Por ejemplo, para referirse a los beneficios de la empresa puede ser mejor utilizar otros términos distintos a los de "margen de explotación", debido a las connotaciones negativas que pueda tener el término explotación para los no habituados al lenguaje contable. De igual forma, se deben evitar también tecnicismos innecesarios. Por ejemplo, para hablar del resultado económico, puede ser suficiente con hablar de "beneficio" sin necesidad de especificar que se trata del "beneficio antes de impuestos e intereses y después de las amortizaciones". En la realización de este análisis denotativo y connotativo de la misión dinámica, será de gran utilidad testear las distintas propuestas con colectivos o muestras de empleados de la empresa de diversos niveles y áreas, para asegurar que la misión dinámica es entendida e interpretada de manera correcta.

En definitiva, de lo que se trata en este paso es de buscar la mejor forma de presentar la misión dinámica para que se pueda transmitir y comunicar fácilmente al conjunto de la organización.

6º.- Comunicar la misión dinámica

En la práctica de las empresas pueden existir formas muy diversas de comunicar la misión dinámica, comunicación que debe cubrir tanto la evaluación de los resultados (dinamismo pasado) como el establecimiento de objetivos (dinamismo futuro). Algunas de ellas pueden ser comunes a las que comentábamos anteriormente para la comunicación de la misión formal: una carta del presidente, una publicación en un talón de anuncios, internet, objetos,... De hecho, la comunicación de la misión dinámica lleva explícita también la comunicación de la misión formal. Dicho de otro modo, cada vez que se comunica a los empleados en qué grado se está realizando la misión de la empresa, se refuerza la comunicación de la misión formal.

Otra cuestión importante a considerar es que, aunque se haya hecho una preparación exhaustiva de la misión dinámica desde el punto de vista denotativo y connotativo, la interpretación de la misión dinámica suele ser más compleja que la misión formal. Por este motivo, es conveniente dar formación a los empleados sobre cómo interpretar cada uno de los principales apartados e indicadores de la misión dinámica[123].

---

[123] Una formación similar a la que se imparte a los empleados de muchas empresas sobre cómo interpretar una cuenta de resultados.

7º.- Revisar y actualizar la misión dinámica

Finalmente el último paso en el proceso de desarrollo de la misión dinámica es la revisión y actualización de la misma, ejercicio que puede abarcar diversos aspectos:

Actualización periódica de los resultados: consiste en la puesta al día de la misión dinámica, actualizando los indicadores o evidencias que dan respuesta a ¿en qué grado estamos realizando nuestros fines? Por lo general, dado que este ejercicio implica un considerable empleo de recursos (especialmente en la medición de los intangibles), la actualización de la misión dinámica podrá hacerse en amplios periodos como, por ejemplo, trimestrales, semestrales o anuales. Como regla general, pensamos que la actualización debería ser, como mínimo, anual, de forma que los empleados tengan un cierto conocimiento actualizado del grado de avance de la misión y, a su vez, sirva como ejercicio de reflexión para la planificación anual de objetivos y resultados.

Actualización periódica de objetivos: consiste en la actualización periódica de las metas u objetivos a lograr en distintos ámbitos de la misión de la empresa. Este ejercicio deberá realizarse siguiendo las dinámicas habituales de planificación estratégica y de objetivos de cada empresa, ya bien sea en periodos amplios (por ejemplo de tres a cinco años) o en periodos más cortos (semestrales o anuales). Como dijimos anteriormente, la definición de estos *objetivos de la misión* debe realizarse buscando el consenso de los directivos y, en la medida de lo posible, con la participación de los empleados y otros stakeholders.

Mejora continua de las medidas e indicadores: esta revisión se encarga de evaluar la pertinencia de las medidas utilizadas para medición de las áreas clave de la misión asegurando que son las que mejor comunican la evolución de la misma. Esta revisión abarca todo el ámbito de la misión, pero puede afectar especialmente a las cuestiones intangibles como, por ejemplo, el servicio al cliente o la contribución de la empresa a los empleados o la sociedad donde, generalmente, las formas de medir puedan requerir ajustes a lo largo del tiempo. En la realización de estos ajustes, es importante asegurar que las diversas actualizaciones sean consistentes, es decir, que permitan ver la evolución de la misión dinámica a lo largo del tiempo. Esto es debido a que, especialmente en la medición de los aspectos intangibles, "no es tan importante determinar exactamente cuál es su valor, como conocer cuál es la evolución de los mismos" (Nevado y López, 2007, 54).

Revisión/Actualización de las áreas clave de resultado: esta revisión es más amplia que la anterior y está relacionada con la evolución de la misión formal de la empresa. Cada vez que cambia la misión formal, deberá actualizarse la misión dinámica, tanto en las medidas utilizadas como en los resultados[124].

En definitiva, los procesos de definición, comunicación y actualización de la misión dinámica, que acompañan a los procesos de definición, comunicación y actualización de la misión formal, deben buscar la forma de mantener "viva" y actualizada, en todos los miembros de la organización, la respuesta a la pregunta ¿en qué medida estamos realizando y proyectamos realizar nuestros fines?

[124] A su vez, esta revisión puede hacerse aunque no cambie el enunciado de la misión formal, pero sí su significado. Por ejemplo, lo que hoy significa para muchas empresas "satisfacer las necesidades del cliente" puede ser distinto de lo que la misma frase significaba hace veinte o treinta años.

8.5.- Despliegue de la misión dinámica

Con la definición, comunicación y actualización periódica de la misión formal y dinámica deberíamos haber conseguido que los miembros de una empresa conozcan con claridad cuáles son los fines de la organización y en qué medida se van realizando a lo largo del tiempo. Pero de igual forma que la misión formal debe desplegarse para llegar de manera efectiva a todos los miembros de la empresa, la misión dinámica debe también desplegarse en las diferentes áreas y niveles de la organización. Recordemos que, estrictamente, la misión de la empresa no tiene un significado específico para los miembros de la organización (Barnard, 1938, 88). Como comentan Barktus y Glassman (2000, 25), pedirle a un empleado de nivel medio que determine exactamente qué quiere decir la misión y esperar que se comporte de acuerdo a ella de manera consistente, es probablemente pedirle demasiado.

Para realizar este proceso, vamos a realizar de nuevo una fusión metodológica. Se trata de la unión entre el proceso de despliegue de la misión de Warner (1995) y la metodología de despliegue de cuadros de mando de Kaplan y Norton (1996, 300-311), y que consiste en definir indicadores para el contexto específico de las divisiones, departamentos y personas de la empresa. Este despliegue de indicadores asegura que los empleados de los distintos niveles de la organización tengan claras las acciones, decisiones y actividades de mejora que contribuyen a la misión de la empresa (Kaplan y Norton, 1992, 75). Para ello, tomando como base la misión participada de cada división, departamento o persona, y siguiendo los seis pasos enunciados anteriormente (establecer áreas clave de resultados, identificar indicadores, diseñar medidas,...), se puede realizar el despliegue de la misión dinámica a lo largo de toda la organización (ver figura 16).

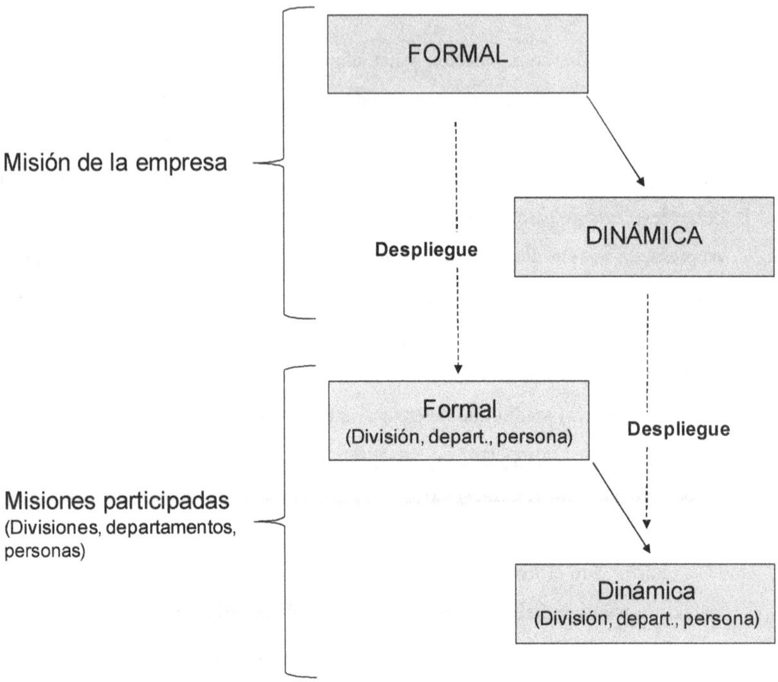

Figura 16. Despliegue de la misión en los distintos niveles, departamentos y personas de la empresa

De esta forma, el despliegue de la misión dinámica puede realizarse mediante cuadros de mando que se definen a nivel de las distintas divisiones, departamentos y personas de la empresa. Un conjunto de cuadros de mando que deben tener carácter descriptivo y carácter simbólico, de forma que sean percibidos por los miembros de la organización como la forma de medir su grado de contribución a la misión de la empresa.

8.6.- Auditorías de alineamiento entre misión y gestión

A través de la definición y despliegue de la misión formal y dinámica a lo largo de la organización, los miembros de la empresa desarrollan sus conocimientos acerca de los fines de la organización, su grado de avance y la forma particular en la que cada división, departamento y empleado contribuye a la realización de los mismos. Sin embargo, todos estos esfuerzos son infructuosos si la misión no está presente en los sistemas de gestión de la empresa. Son varios los estudios que demuestran que el éxito o fracaso de la misión en la empresa se debe, en gran medida, al alineamiento entre misión y gestión (Bart, 1997, 17) [125]. Por ello, como veíamos anteriormente, la misión debe estar presente en sistemas como, por ejemplo, la planificación de objetivos, asignación de puestos de trabajo, definición de estructuras, asignación de recursos, decisiones operativas, Drucker (1974, 74) sistemas de evaluación y control, selección y exclusión de empleados (King & Cleland, 1979, 124), la evaluación del desempeño (Pearce, 1982, 15) o los sistemas de incentivos (Bart, 1997, 16). En definitiva, la misión debe constituir la columna vertebral o centro neurálgico de todos los sistemas de la empresa (ver figura 17), una cuestión sobre la que no nos vamos a detener aquí, y que puede verse en profundidad en Cardona y Rey (2005).

[125] Esta necesidad de alinear la misión y los sistemas es una cuestión reconocida también por numerosos expertos de otros campos. Y es que, como nos recuerda Barnard (1938, 86) "la necesidad de tener una misión es axiomática y está implícita en la palabra sistema". O dicho de otro modo, cualquier sistema, por definición, tiene que tener una misión (Deming, 1994, 95-96). Este es el motivo por el que, por ejemplo, "es casi imposible encontrar un texto sobre planificación estratégica que no haga referencia a la necesidad de tener una declaración de misión (Bart, 1998, 823). Y el motivo por el que, como comentábamos en el primer apartado de esta tesis, la misión suele estar presente en las propuestas metodológicas de programas de planificación, reingeniería, calidad, objetivos, etc...

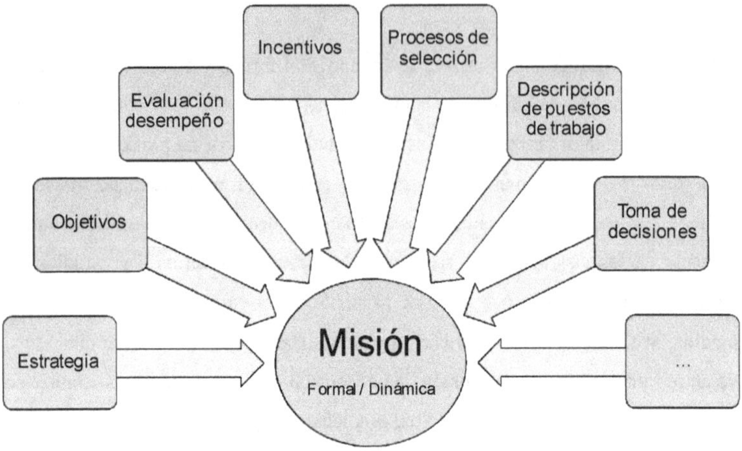

Figura 17. La misión como centro neurálgico de los procesos organizativos.

Como complemento a estas metodologías para la integración de la misión en los sistemas de gestión, nos parece de gran utilidad considerar la propuesta de Crotts (2005, 54-68) que consiste en realizar una auditoría para conocer el grado de alineamiento entre la misión y los procesos organizativos. Esta auditoría está basada en un concepto de misión centrado exclusivamente en el cliente, pero puede servir de base para elaboración de auditorías más amplias. Tal y como el mismo Crotts enuncia, su propuesta puede ser tomada como "punto de partida" para el desarrollo de auditorías de misiones de contenido más amplio (Crotts, 2005, 67).

Siguiendo con este planteamiento, vamos a desarrollar a continuación un ejemplo de auditoría de alineamiento de sistemas de gestión y misión que englobe, además de las consideraciones de Crotts, las recomendaciones realizadas a lo largo de esta tesis[126]. En esta propuesta vamos a detallar un conjunto de "posibles temas a auditar" repartidos en tres categorías:

- Definición y comunicación de la misión formal / dinámica
- Integración de la misión en los procesos estratégicos
- Integración de la misión en procesos y políticas de RRHH

Para cada una de estas categorías vamos a detallar algunos ejemplos de posibles temas a auditar. Como veremos a continuación, muchos de los aspectos de esta auditoría son políticas, procedimientos y prácticas existentes comúnmente en las empresas por lo que, generalmente, el coste para que puedan ser integrados en la misión no debería ser muy alto (Crotts, 2005, 58). Ahora bien, al igual que en la metodología de Crotts, esta auditoría es un modelo genérico que deberá adaptarse a las particularidades, tanto de la misión, como de los procesos organizativos.

DEFINICIÓN Y COMUNICACIÓN DE LA MISIÓN FORMAL / DINÁMICA

- Compromiso de la dirección con la misión de la empresa

Posibles temas a auditar:

- La alta dirección de la empresa está directamente implicada y comprometida con la misión de la empresa.
- Los directivos dan señales visibles de su compromiso y predican con el ejemplo.
- Los empleados reconocen el compromiso con la misión por parte de sus directivos

[126] Como punto de partida, por tanto, vamos a tomar los 15 apartados de las auditoría de Crotts correspondientes a tres categorías: Estrategia y factores tácticos, Políticas de empleados y Sistemas (Crotts, 2005, 57) y los vamos a ampliar con las conclusiones y recomendaciones realizadas en esta tesis.

- La misión formal está definida y comunicada de manera efectiva

Posibles temas a auditar:

  - La declaración de la misión de la empresa está visible y accesible a todos los miembros de la organización.
  - Los empleados conocen y entienden en qué consisten los elementos del contenido de la misión.
  - Existen anécdotas e historias conocidas por los empleados que narran el origen de la misión y hechos significativos relacionados con ella.
  - Los canales y medios de comunicación principales (intranet, internet, tablón de anuncios,...) hacen referencia explícita a la misión y su grado de avance.
  - Los colaboradores manifiestan su acuerdo y compromiso con la misión.

- La misión dinámica está definida y comunicada de manera efectiva

Posibles temas a auditar:

  - La empresa comunica a los empleados periódicamente el grado de avance de la misión mediante evidencias y/o indicadores.
  - La información acerca de la evolución y grado de realización de la misión está accesible y disponible a los empleados.
  - Los empleados entienden y son capaces de describir el grado de avance de la misión de manera consistente.

- La misión está desplegada en las diferentes divisiones, departamentos y personas

Posibles temas a auditar:

  - La misión está desplegada en las distintas áreas de la empresa.
  - Los empleados conocen en qué ámbitos de la misión de la empresa tienen un impacto directo o indirecto y en qué consiste esa contribución.
  - Los empleados son capaces de conocer y describir su grado de contribución a la misión a través de evidencias o indicadores específicos.

- La misión es revisada y actualizada de forma periódica

Posibles temas a auditar:

  - La misión es cuestionada cada cierto periodo de tiempo para evaluar la posible necesidad /conveniencia de cambios o modificaciones.
  - Se realizan revisiones periódicas para evaluar la fiabilidad y consistencia de los indicadores y medidas que se utilizan para evaluar el grado de realización de la misión
  - Se pide feedback a los stakeholders (clientes, accionistas, empleados,...) sobre su percepción sobre la misión y su grado de cumplimiento para identificar posibles desajustes entre la misión y la realidad.

- Los aspectos ambientales / físicos de la empresa y sus instalaciones reflejan la misión de la empresa

Posibles temas a auditar:

  - El entorno de trabajo está acorde con la misión de la empresa.
  - El diseño general de las instalaciones facilita el desarrollo de la misión.

INTEGRACIÓN DE LA MISIÓN EN PROCESOS ESTRATÉGICOS

- La estrategia y objetivos de la empresa están alineadas a la misión

Posibles aspectos a auditar:

  - Los objetivos de los distintos niveles de la empresa (directivos, mandos, empleados) cubren todos los ámbitos de la misión balanceando los aspectos económicos (accionistas) con otros ámbitos de la misión (clientes, empleados,...)
  - Los incentivos de los directivos, mandos y personal contemplan la contribución de las personas sobre la misión en su conjunto.

- Las evaluaciones del desempeño reflejan la contribución a la misión de la empresa

  Posibles temas a auditar:

  - La evaluación del desempeño abarca todos los ámbitos de la misión -económicos y no económicos-, en los que el trabajador influye / impacta.

- Los directivos realizan reconocimientos formales para los empleados que contribuyen a la misión de manera excelente.

- La asignación de presupuestos está alineada a la misión de la empresa

Posibles temas a auditar:

- En la asignación de recursos e inversiones se consideran partidas específicas para el desarrollo de los distintos ámbitos de la misión.
- Se asignan partidas específicas para la formación y sensibilización a los empleados sobre la importancia de la misión y cómo vivirla de forma práctica.

- Las reuniones de dirección y departamentales analizan el avance de misión

Posibles temas a auditar:

- Las reuniones de dirección analizan el avance de la misión en sus diferentes ámbitos, identificando iniciativas de mejora y medidas correctivas.
- Existen reuniones departamentales donde se analiza la contribución del área a los distintos ámbitos de la misión, estableciendo medidas y planes de acción.
- Los temas tratados en las reuniones de dirección se enfocan desde una perspectiva de contribución a la misión, tanto en análisis de alternativas como en la toma de decisiones.
- La agenda de las reuniones abarca todos los ámbitos de la misión de manera equilibrada.

- La misión está presente en los procesos de toma de decisiones de los directivos

Posibles temas a auditar:

- La evaluación de alternativas y toma de decisiones se realiza considerando el impacto de las decisiones sobre la misión en su conjunto.
- En términos generales, los empleados consideran que la dirección toma sus decisiones velando por el bien de la misión de la empresa en su conjunto.

INTEGRACIÓN DE LA MISIÓN EN PROCESOS DE RRHH

- La empresa dispone de planes y programas de formación sobre la misión

  Posibles temas a auditar:
  - Los directivos y mandos dan formación periódica a sus equipos sobre la importancia de la misión y el compromiso del equipo con la misma
  - Los empleados reciben formación periódica sobre la misión y sus implicaciones en el trabaja diario.

- Las descripciones de puestos de trabajo están diseñadas en torno a la contribución del trabajador a la misión de la empresa.

  Posibles temas a auditar:
  - Existe una conexión explícita y fácilmente identificable entre la forma en que se describen las funciones de los puestos de trabajo y la misión de la empresa.
  - Las funciones / responsabilidades reflejadas en el puesto recogen todos los ámbitos de la misión en los que el trabajador tiene un impacto directo o indirecto.
  - El diseño de los puestos de trabajo contempla de forma concreta las contribuciones de cada puesto a los distintos ámbitos de la misión.

- Integración de la misión en los sistemas de selección de nuevos empleados

  Posibles temas a auditar:
  - La misión de la empresa es un tema central en las entrevistas de selección para la contratación de empleados.
  - La actitud y capacidades de contribuir a los distintos ámbitos de la misión son considerados como unos de los criterios del proceso de selección de los candidatos.

- Existen procesos de comunicación / formación de la misión específicos para los nuevos trabajadores de la empresa

  Posibles temas a auditar:
  - En el material entregado a los nuevos trabajadores se hace referencia a la misión de la empresa tanto en su contenido como en la forma en que se realiza su seguimiento.

- En los programas de inducción / orientación de los nuevos empleados, se imparte una formación acerca de la misión de la empresa, la forma en que se realiza su medición y los diferentes mecanismos que impulsan su desarrollo.

CAPÍTULO 9.- LA DIMENSIÓN MOTORA

Siguiendo con la exposición del modelo tridimensional de la misión, y una vez abordadas sus dimensiones formal y dinámica, vamos a centrarnos en la naturaleza y desarrollo de su dimensión motora, que llamaremos *misión motora*. En nuestra opinión, en esta dimensión se "esconde" el verdadero sentido y la esencia de la misión. Es la realidad de la misión que nos recuerda que, al menos en parte, la misión se desarrolla en el interior de las personas aunque, como hemos visto anteriormente, suele ser la realidad de la misión menos considerada a nivel práctico en las empresas.

En este tercer capítulo, vamos a comenzar exponiendo en qué consiste la misión motora, sus fundamentos teóricos y algunas de las principales dificultades para su desarrollo. A continuación, tomando como punto de partida los desarrollos de JAPL y las investigaciones de Grant, profundizaremos en la naturaleza de la misión motora y expondremos algunas propuestas prácticas para su desarrollo.

9.1.- La misión motora: perspectiva teleológica de la misión

La misión motora es la motivación prosocial de los miembros de la organización ligada a la misión formal de la empresa. La misión motora se diferencia de las otras dos dimensiones –formal y dinámica- en que se desarrolla exclusivamente en el interior de las personas. Si la misión formal y la misión dinámica son la respuesta al "para qué" de la empresa expresada en el ámbito de lo cualitativo y lo cuantitativo respectivamente, la misión motora es la respuesta al "para qué" de la empresa en el ámbito interno de las personas, donde se fraguan los fines de los actos humanos. Es el resultado de considerar la misión desde una perspectiva teleológica, en tanto la misión debe ser el fin de la acción de los miembros de la empresa.

La misión motora es lo que hace que la misión formal y la misión dinámica sean auténticas[127]. Es decir, que cuestiones que pueden formar parte de una misión, como "la satisfacción del cliente", "la retribución al accionista" o el "desarrollo de los empleados", no sean simplemente una declaraciones formales, o unos resultados propios de la actividad, sino algo realmente buscado como el verdadero fin de la acción de las personas de la empresa. De hecho, sólo cuando la misión formal, la misión dinámica y la misión motora comparten un mismo contenido, podemos decir que la misión en su conjunto está correctamente definida[128].

La misión motora, como su nombre indica, es lo que *mueve* a las personas a realizar la misión de la empresa (aunque puedan co-existir otros motivos). Podríamos decir que es una "fuente de energía" inagotable que da movimiento a la misión de la organización. De hecho, es lo que hace que la empresa se mueva, como sistema, orientado a la misión de manera espontánea.

Igual que la misión dinámica, la misión motora está relacionada con la misión formal en todo su conjunto. La misión motora, por tanto, es la motivación prosocial ligada a la misión en su conjunto, y no sólo a una parte o algunas de sus partes. Por ejemplo, en una empresa que tuviera por misión formal a los stakeholders clientes, accionistas y empleados, la misión motora debería estar ligada a los tres ámbitos de la misión conjuntamente. Esto significaría, en este ejemplo, que la motivación prosocial de los miembros de la empresa por el cliente no constituiría la misión motora si no fuera acompañada por la motivación prosocial ligada a los accionistas y empleados. Y lo mismo ocurriría con la motivación ligada a los accionistas o empleados, si no fuera acompañada por la motivación por los otros dos stakeholders.

---

[127] Entendemos aquí por "auténtico" aquello que procede del interior del individuo (Llano, 2002,79).

[128] Nótese que una misión puede estar definida por otros motivos (incluso prosociales) distintos a los que se establecen en la misión formal. Por ejemplo, una misión se puede definir para agradar a los medios de comunicación (Bart, 1997) pero estos motivos no forman parte de la misión motora de la empresa (salvo que la misión formal sea agradar a los medios…).

A su vez, la misión motora, en tanto está formada por las motivaciones de las personas, puede tener distintos grados de desarrollo. Es decir, esta "fuente de energía" puede rendir más, o menos, o incluso apagada, en función del grado o nivel de desarrollo de la motivación prosocial de las personas de la empresa. De hecho, junto a otros factores, como la correcta definición y comunicación de la misión formal, o el alineamiento entre la misión dinámica y los sistemas de gestión, la misión motora es una pieza clave en implementación de una misión.

Otra cuestión relevante es que, al igual que la misión dinámica, la misión motora se desarrolla sobre la misión formal –que, recordemos, puede estar escrita o "no escrita"-. Esto quiere decir que, en una organización donde los empleados no sean capaces de conocer en qué consiste la misión de la empresa, no podremos hablar de misión motora. Cuando no existe una misión formal, las personas podrán tener motivaciones prosociales, pero no las motivaciones prosociales ligadas a la misión formal a las que aquí hacemos referencia.

9.2.- Dificultades para el desarrollo de la misión motora

El desarrollo de la misión motora, presenta ciertas dificultades comunes al desarrollo de la misión formal y la misión dinámica, como son: la necesidad de lograr el consenso entre los directivos (Drucker, 1974, 75), la existencia de discrepancias difíciles de resolver internamente (Mc Gowan, 1986, 59-60), la excesiva dedicación de los directivos en cuestiones administrativas y operativas (David, 1989, 95), la cantidad de tiempo / recursos que estos ejercicios representan o la percepción de que la misión es un mero ejercicio de relaciones públicas (Baetz, 1996, 530). De hecho, en el desarrollo de la misión motora, estas cuestiones pueden suponer una dificultad incluso mayor de lo que representan para la misión formal y dinámica. Por ejemplo, el consenso necesario para conseguir que los directivos desarrollen un alto nivel de motivación prosocal ligada a la misión, puede ser mayor que el que se requiere para lograr ponerse de acuerdo sobre el texto de la misión, o sobre el indicador que mejor represente su grado de realización. Otras dificultades o frenos, como puede ser la falta de tiempo o de recursos, son también relevantes pues, por lo general, los esfuerzos necesarios para el desarrollo de la misión motora, como veremos más adelante, pueden ser mayores que los requeridos para el desarrollo de la misión formal o dinámica.

Ahora bien, junto a estas dificultades, que hacen referencia a todo el ámbito de la misión en su conjunto, la misión motora presenta unas dificultades específicas, de entre las cuales podemos destacar las siguientes:

Dificultad de control externo: La misión motora, en tanto se desarrolla en el interior del cada individuo, es una variable difícil (probablemente imposible) de controlar de forma externa a la propia persona. Un jefe puede controlar si sus colaboradores hacen bien o mal su trabajo, si cumplen o no cumplen los objetivos o incluso si desarrollan unas determinadas competencias, pero lo que no podrá controlar son los motivos por los que sus colaboradores hacen las cosas. Este hecho puede tener como posible consecuencia que se genere una cierta resistencia por parte de los directivos y mandos de la empresa a gestionar lo incontrolable. Dicho de otra forma, al ser esta una variable que escapa al control del directivo, puede dejar de ser percibida como algo de su responsabilidad.

Considerar la eficiencia como único criterio de decisión: se trata de una creencia, que puede estar más o menos extendida en las empresas, por la que lo único importante es que las cosas se hagan de manera eficiente, y no importa el motivo por el que se hacen[129]. Esta creencia, simplemente rechaza que la misión motora pueda tener una relevancia distintiva frente a otros tipos de motivación. Para quién opina así, no supone ventaja alguna el invertir en su desarrollo (salvo, quizá, que alguien les convenciera de que es más eficiente invertir en el desarrollo de la misión motora que no hacerlo).

La difícil tarea de vencer el egoísmo: esta es quizá una de las dificultades mayores puesto que "el largo proceso que representa a las personas adquirir la difícil capacidad de moverse por motivos prosociales, conlleva sacrificar el propio egoísmo cuando nadie puede obligarles a ello" JAPL (1993, 134). Esta necesidad de vencer el egoísmo está relacionada con el conflicto de motivaciones que puede existir en el interior de cada individuo[130]. Este conflicto hace que, a menudo, el desarrollo de la misión motora signifique saber poner las motivaciones ligadas a la misión por encima de otras motivaciones personales[131].

9.3.- Tipologías de motivación prosocial

Hasta ahora hemos utilizado la clasificación de la motivación en tres distintas categorías: extrínseca (relacionada con las recompensas), intrínseca (relacionada con el aprendizaje y la satisfacción personal) y prosocial que, como su propio nombre indica, es la motivación que está centrada en el "otro", o en los "otros". Esta clasificación ofrece un esquema conceptual más completo que la clásica

---

129 Sobre la presencia de esta creencia en la empresa de nuestros días ver, por ejemplo, Adreu y Rosanas (2010, 12-13).

130 Sobre esta cuestión ver JAPL (1993, 60-63), Ferreiro y Alcázar (2002, 101-104) o Alcázar (2010, 144-148).

131 Una cuestión sobre la que, en términos generales, existe abundante literatura y cuya difusión es frecuente en nuestros días. Ver, por ejemplo, Useem (2010, 90) o Simons (2010, 99).

distinción entre motivación extrínseca e intrínseca (Mc Gregor, 1966), y nos ha permitido tener un mayor entendimiento de la esencia de la misión.

Ahora bien, la misión motora no es cualquier tipo de motivación prosocial, sino que está centrada en una categoría específica de motivación prosocial ligada a la misión formal de la empresa. Para explicar en qué consiste esta tipología, conviene empezar por diferenciar dos tipos, no excluyentes, de motivación prosocial que pueden darse en el contexto de la empresa. Estos son: la *motivación prosocial próxima* y *la motivación prosocial remota* (ver figura 18)[132]. Vamos a ver a continuación en qué consisten.

- Motivación prosocial próxima: es la motivación de los miembros de una empresa relacionada con el impacto que sus acciones o decisiones puedan tener en los stakeholders de la misma. Por ejemplo, la motivación por resolver el problema de un cliente, por ayudar a un compañero, por actuar de forma honrada con los proveedores, etc...

- Motivación prosocial remota: es la motivación de los miembros de una empresa relacionada con el impacto que sus acciones puedan tener sobre otras personas, o agentes, distintos a los stakeholders de la empresa. Por ejemplo, la motivación de un empleado por mantener a la familia, por generar fondos para donar a una determinada labor social, etc...

[132] Un tercer tipo de motivación prosocial podría ser la motivación prosocial religiosa que está relacionada con las ofrendas y sacrificios a una realidad trascendente. Este tipo de motivación suele asociarse, generalmente, a otros ámbitos como el culto religioso, pero también puede estar presente en el contexto del trabajo en la empresa. Por ejemplo, la motivación por agradar a Dios realizando un buen trabajo, o la motivación por realizar ofrendas a los dioses con parte de las ganancias obtenidas en la empresa, algo quizá poco habitual en nuestra cultura occidental, pero no tanto en determinadas culturas orientales. De hecho, no considerar esta distinción en lo que respecta a la trascendencia religiosa, es lo que puede llevar, por ejemplo, a algunos autores a referirse a la misión con términos como "la religión o religiones de la empresa" o confundir el desarrollo de la misión con la plegaria religiosa (Kanter, 2010, 38).

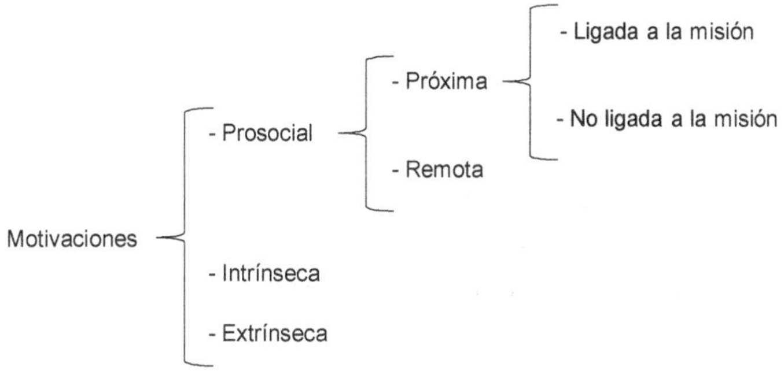

Figura 18. Tipología de motivaciones en el contexto del trabajo en una empresa.

Una vez realizada esta distinción, podemos decir que la misión motora está relacionada con la motivación prosocial próxima y no es, y no incluye, la motivación prosocial remota. Por ejemplo, la motivación de un vendedor por sacar adelante a su familia, aunque pueda ser muy elevada, no sustituye, en su función, a la misión motora. Esto no quiere decir que las motivaciones prosociales remotas no sean convenientes para el desarrollo de la empresa. Respetando el terreno de lo íntimo de la persona, nada se opone a que la empresa fomente las motivaciones prosociales de este tipo entre sus empleados. De hecho, no son pocas las empresas que realizan acciones de esta índole como, por ejemplo, promoviendo actividades de voluntariado o creando un fondo voluntario para obras sociales. Lo que queremos llamar la atención aquí es que, por muy intensas que sean las motivaciones remotas, en ningún caso se debe confundir la misión motora con este tipo de motivaciones.

Aclarado este punto, para explicar la naturaleza de la misión motora conviene a su vez realizar una nueva distinción entre, al menos, dos tipos de motivación prosocial próxima (ver figura 18). El primer tipo, la motivación prosocial próxima ligada a la misión formal, es el que se corresponde con el concepto de misión motora. El segundo tipo, motivación prosocial próxima no ligada a la misión formal, es el que hace referencia al impacto de la acción de las personas sobre otras cuestiones, u otros stakeholders, no incluidos en la misión formal[133]. Esta distinción no debe llevar a pensar que las motivaciones prosociales no ligadas a la misión carecen de importancia. Al contrario, de estas motivaciones próximas se desprenden muchos beneficios para la empresa. De hecho, en determinadas ocasiones, estas motivaciones pueden impulsar la evolución y desarrollo de la misión formal para una mejor adecuación a su entorno y a las necesidades de sus stakeholders[134].

Podemos decir, por tanto, que la misión motora es la *motivación prosocial próxima ligada a la misión formal de la empresa* (que llamaremos sencillamente motivación prosocial ligada a la misión). En definitiva, de todo el universo de posibles motivaciones prosociales, tan sólo una parte –la próxima ligada a la misión formal- pertenece a la misión motora.

Motivación racional y motivación afectiva

Antes de pasar a ver el desarrollo de la misión motora en la organización, nos resta distinguir entre dos tipologías de motivación. Se trata de la *motivación racional* y la *motivación afectiva*, distinción que afecta a todos los tipos de motivación anteriormente expuestos, pero que aquí vamos a considerar tan sólo en lo referente a las motivaciones prosociales.

[133] Estrictamente, las motivaciones prosociales ligadas tan sólo a parte de la misión también estarían dentro de esta categoría.

[134] Además de apoyar el desarrollo de la misión formal, estas motivaciones ayudan a fomentar las buenas relaciones con otros stakeholders no contemplados en la misión, como podrían ser, por ejemplo, los bancos o las autoridades locales, así como favorecer el desarrollo de la calidad motivacional de las personas de la empresa que tratan con ellos.

Esta distinción está basada en las categorías de JAPL (1993, 162-176) que hacen referencia a la *motivación trascendente racional* y la motivación trascendente espontánea -que aquí llamaremos *motivación prosocial racional y motivación prosocial afectiva-*[135]. La motivación prosocial racional es la motivación impulsada por el *conocimiento abstracto* de que una acción es buena y conveniente para otras personas. La motivación prosocial afectiva es aquella que viene impulsada por el *conocimiento experimental* de afecto que una persona puede sentir por otras. Ambas motivaciones están impulsadas por el conocimiento, si bien la racional requiere además un esfuerzo de la voluntad para realizarse, mientras que la afectiva se realiza de manera espontánea[136] (ver figura 19).

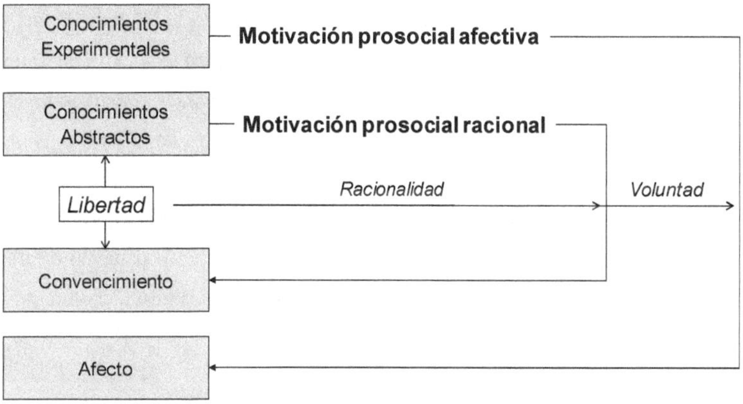

Figura 19. Motivación prosocial racional y motivación prosocial afectiva. Basado en JAPL (1993, 164).

[135] Esta distinción entre la vertiente afectiva y racional de la motivación prosocial puede verse también en los planteamientos de Grant (2007, 396), si bien, es en las teoría de JAPL (1993, 162-176) donde hemos hallado un desarrollo conceptual más amplio y detallado de la naturaleza de estas dos vertientes.

[136] Con respecto al modelo de JAPL (1993, 164) que estamos siguiendo, vamos a sustituir aquí el concepto virtualidad por el de voluntad, siendo ambos conceptos cercanos desde el punto de vista del fenómeno que aquí estamos describiendo (JAPL, 1993, 165).

De estos dos tipos de motivación prosocial, racional y afectiva, surge lo que podemos llamar las dos vertientes de la dimensión motora de la misión: vertiente racional y vertiente afectiva. Esta distinción es de gran importancia pues, como veremos a continuación, es fundamental para entender los distintos factores y tipos de conocimiento que influyen en el desarrollo de la misión motora en la organización.

9.4.- El desarrollo de la misión motora en la organización

Una vez vistos los fundamentos de la dimensión motora de la misión, vamos a proponer un modelo para su desarrollo en los miembros de la empresa (ver figura 20). Este modelo presenta unos *factores impulsores* que promueven el *conocimiento* que sustenta la *motivación prosocial ligada a la misión.* Como factores impulsores veremos lo que llamamos *"procesos de gestión del conocimiento"* –como son la formación, el coaching o la reflexión- y las *experiencias positivas* con los stakeholders de la misión. Estos factores impulsan tres tipos de conocimiento sobre la misión *–abstracto, experimental y de percepción de impacto* - que, como veremos, constituyen el fundamento para la generación de la motivación *racional y afectiva* que forman la misión motora.

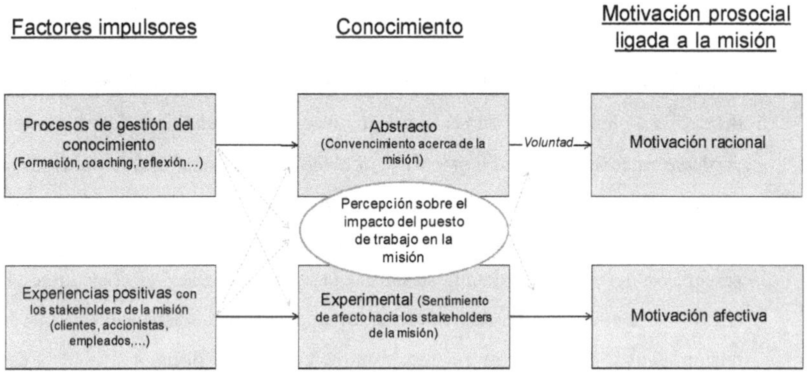

Figura 20. Modelo para generación de la misión motora en los miembros de una empresa.

En los siguientes apartados, vamos a explicar en qué consisten los distintos elementos de este modelo. En primer lugar, veremos los tres tipos de conocimiento que influyen en el desarrollo de la motivación prosocial ligada a la misión, y a continuación, veremos en qué consisten los factores impulsores que promueven la generación de este conocimiento en los miembros de la empresa.

9.5.- Tipos de conocimiento que influyen en el desarrollo de la misión motora

Como hemos visto, una de las principales cuestiones a considerar para el desarrollo de la misión motora es que la motivación prosocial tiene dos vertientes: *vertiente racional* y *vertiente afectiva*[137]. La vertiente racional está impulsada por el *conocimiento abstracto,* y la afectiva por el *conocimiento experimental.* Ahora bien, para que este conocimiento sea efectivo, es necesario que exista la percepción del empleado de que su trabajo *impacta* de manera efectiva sobre la misión de la empresa. Es decir, aunque un empleado esté convencido de que la misión es algo bueno y conveniente, si no percibe que él puede contribuir a esa misión, su convencimiento por la misión no llegará a influir realmente en su motivación por el trabajo. Siguiendo estas consideraciones, podemos distinguir tres tipos de conocimiento que impactan en la misión motora:

Conocimiento abstracto

El conocimiento abstracto –que promueve el desarrollo de la motivación prosocial racional ligada a la misión- es el convencimiento de las personas de que la misión de la empresa es algo bueno y conveniente. Por ejemplo, el convencimiento de que "dar un buen servicio" es algo bueno y conveniente para el cliente, el convencimiento de que "generar beneficio" es bueno para los accionistas o el convencimiento de que "tener un buen ambiente de trabajo" es bueno para los empleados. Ahora bien, este convencimiento requiere, en todo caso, que la misión *en su conjunto* sea reconocida como algo bueno y conveniente. Esto es debido a que la misión motora es una motivación ligada a la totalidad de la misión, no sólo a una parte de la misma. Esto es especialmente importante cuando la empresa tiene que llevar a cabo acciones que pueden beneficiar a uno o varios stakeholders de la misión en detrimento de los otros. Sólo se podrán realizar estas acciones por

[137] Esta distinción corresponde a lo que JAPL (1993, 162-176) llama *motivación trascendente racional* y *motivación trascendente espontánea.*

motivación prosocial racional ligada a la misión cuando las personas que las tienen que llevar a cabo las perciban como algo bueno para la misión en su conjunto.

Además, para el desarrollo de la motivación prosocial racional, junto al convencimiento de que la misión es algo bueno y conveniente, hace falta un cierto esfuerzo de la voluntad. Lo que JAPL (1993, 164) llama: *querer eficazmente*, es decir, traduciendo el conocimiento abstracto en acciones concretas. Y es en este esfuerzo de la voluntad donde entra en juego, de manera insustituible, el ejercicio de las virtudes, porque, habitualmente, ese querer eficazmente "puede representar muy distintos sacrificios" (JAPL, 1993,164) [138]. El desarrollo de la vertiente racional de la misión motora viene impulsado, por tanto, por el *conocimiento abstracto y la voluntad*. Es decir, por el convencimiento de que la misión es algo bueno y conveniente, y por la voluntad de transformar ese conocimiento en acciones concretas.

Conocimiento experimental

El conocimiento experimental –que promueve la motivación prosocial afectiva ligada a la misión- es el sentimiento de afecto que las personas de la organización pueden tener por los stakeholders de la misión (clientes, accionistas, empleados, etc…). Un tipo de afecto que, en mayor o menor medida, suele estar presente en las personas que trabajan en una empresa y que está relacionado con la forma en que los stakeholders de la misión actúan hacia los miembros de la organización. Por ejemplo, un propietario que se esfuerza por mantener el empleo puede ganar con este acto el *afecto* de sus trabajadores. Lo mismo puede ocurrir cuando, por ejemplo, los clientes se muestran agradecidos por el servicio que se les presta, o cuando los que trabajan en la empresa se preocupan los unos por los otros.

[138] Sobre esta cuestión ver, JAPL (1993, 60-63).

La particularidad del conocimiento experimental de afecto por los stakeholders de la misión es que actúa de manera espontánea. Es decir, las personas actúan movidas directamente por el sentimiento de afecto (ver figura 20). Ahora bien, es importante considerar que, generalmente, la motivación prosocial afectiva no se da de forma aislada sino que concurre con la motivación prosocial racional (JAPL, 1993, 174). Es decir, lo común será que las personas actúen por una cierta combinación de ambas vertientes. Esto, además de ser lo habitual, es también recomendable desde el punto de vista de la toma de decisiones en las empresas puesto que, de lo contrario, se puede caer en el sentimentalismo (Alcázar, 2010, 124). Hay que tener en cuenta que, a diferencia de la vertiente racional, en la vertiente afectiva no se requiere que las personas consideren como bueno o conveniente una acción para el conjunto de la misión. Esto puede ocurrir, por ejemplo, cuando la dirección de una empresa, apelando a un mero sentimiento de paternalismo, se empeña en mantener el empleo poniendo en peligro la continuidad de la misma.

Percepción sobre el impacto en la misión

En base a lo expuesto, podríamos decir que cuanto más intenso es el conocimiento abstracto y experimental, más intensa tiende a ser la motivación prosocial en las personas. Ahora bien, considerando los desarrollos de Grant (2007a, 396) sobre los factores que influyen en la motivación prosocial[139], podemos identificar, al menos un tercer tipo de conocimiento que influye de forma significativa en el desarrollo de la misión motora: la percepción de los empleados sobre su impacto en la misión de la empresa, factor que aquí vamos a considerar como *mediador* del efecto que el conocimiento tiene sobre el desarrollo de las motivaciones prosociales (ver figura 20). Esto significa que, para que las personas desarrollen la motivación prosocial ligada a la misión, deben percibir que su trabajo impacta

[139] Donde Grant (2007, 396) hace referencia a los "beneficiarios" del trabajo nosotros consideramos aquí la misión de la empresa entendiendo que los principales beneficiarios del trabajo de una empresa son los stakeholders de la misión.

efectivamente en la realización de la misma. Esta percepción está influida por factores objetivos del puesto de trabajo, pero también está influida por factores subjetivos. Tanto es así que, incluso el mismo puesto de trabajo, puede ser percibido por distintas personas de manera muy diferente. Por ejemplo, mientras que un trabajador de una línea de ensamblaje puede percibir su trabajo exclusivamente como una simple actividad mecánica, otros pueden percibir la misma actividad como una forma de contribuir a la misión de la empresa.

En resumen, en nuestro modelo para el desarrollo de la misión motora hemos considerado tres tipos de conocimiento:

- El *conocimiento abstracto:* convencimiento de que la misión es algo bueno y conveniente.
- El *conocimiento experimental:* sentimiento de afecto acerca de los stakeholders de la misión.
- La *percepción sobre el impacto* del trabajo en la misión de la empresa.

9.6.- Procesos de gestión del conocimiento

Una vez vistos los tipos de conocimiento que sustentan la misión motora, vamos a ver a continuación una propuesta de factores impulsores de estos conocimientos en los miembros de la organización. Esta propuesta está basada en lo que vamos a llamar *procesos de gestión del conocimiento.* Estos procesos están relacionados con la generación y transmisión del conocimiento en la organización y son, por ejemplo, los procesos de: formación, información, coaching o reflexión. Este tipo de procesos constituyen sub-procesos de los procesos estratégicos y organizativos y, comúnmente, influyen de manera significativa en el desarrollo de los mismos. Por ejemplo, la *formación* o la *reflexión* -que veremos como procesos de gestión del conocimiento-, son a su vez sub-procesos de los procesos organizativos, así como también suelen formar parte de algunos de los procesos estratégicos[140].

La propuesta que vamos a ver está fundamentada en la utilización de estos procesos, comúnmente presentes en las organizaciones, para impulsar entre los empleados el conocimiento que genera la motivación prosocial ligada a la misión. De esta forma pretendemos desarrollar las recomendaciones de diversos autores como Drucker (1974, 74), Pearce (1982, 109), David (1989, 91) o Bart (1997, 16) de integrar la misión en los procesos de la empresa, aplicándolas al ámbito de misión motora.

Centrando nuestra atención en los procesos de gestión del conocimiento, vamos a ver a continuación cómo utilizar estos procesos como factores impulsores de la misión motora. Para ello, vamos a considerar tres ámbitos o niveles de actuación: intra-personal, interpersonal y organizativo. Para cada uno de estos ámbitos, vamos a seleccionar dos de sus procesos principales, considerando un total de seis procesos clave (ver figura 21).

[140] Conviene aclarar que la distinción entre procesos estratégicos, organizativos y de gestión del conocimiento, no hace referencia a procesos independientes sino más bien a procesos interrelacionados y dependientes los unos de los otros.

	Procesos de gestión del conocimiento	
Nivel intra-personal	**Interiorización** (incorporación)	**Reflexión** (fortalecimiento)
Nivel inter-personal	**Liderazgo** (transmisión personal)	**Coaching** (apoyo al desarrollo)
Nivel organizativo	**Formación** (transmisión institucional)	**Información** (actualización)

Figura 21.- Procesos clave para la integración de la misión motora

Esta lista de seis procesos no debe ser considerada como una propuesta definitiva, sino más bien como una orientación práctica. Por este motivo creemos que, en la aplicación de esas ideas, será conveniente reconsiderar estas propuestas en función de las características particulares de los procesos estratégicos u operativos de cada empresa[141]. De cualquier forma es importante resaltar que, al igual que hicimos con la misión formal y la misión dinámica, nuestra propuesta de desarrollo de la misión motora está fundamentada principalmente en la utilización de procesos existentes, y no en la creación de nuevos procesos. Esta forma de proceder, en nuestra opinión, no sólo es conveniente desde el punto de vista de la eficiencia, sino también de cara a una mayor consistencia entre la misión y los distintos procesos que existen en una organización. Podíamos decir que, por lo general, para desarrollar las motivaciones prosociales en los miembros de la

[141] Por ejemplo, otro tipo de procesos de gestión del conocimiento que podríamos incluir aquí, especialmente en lo que respecta a la dirección de la empresa, son los procesos de toma de decisiones, cuestión sobre la podemos destacar los desarrollos de Alcázar (2010) o Ariño (2005).

empresa, la clave no está en "hacer cosas nuevas" sino, más bien, en "hacer las cosas de manera diferente".

Aclarada esta cuestión, vamos a ver a continuación los distintos procesos que, de forma genérica, hemos llamado "procesos clave" que impulsan el desarrollo de la misión motora[142].

Interiorización

La interiorización (Kelman, 1958, 53) es un proceso intrapersonal por el cual las personas aceptan una determinada influencia externa y la incorporan en sus creencias y valores personales. Es fácil observar que, en el contexto de la empresa, este tipo de procesos son frecuentes puesto que las personas, en parte, acostumbran a desarrollar sus creencias a través de las experiencias e influencias que reciben de su entorno de trabajo. La integración de la misión en estos procesos consiste en la *incorporación* del conocimiento abstracto de que la misión es algo bueno y conveniente, como parte de sus creencias personales. Es lo que podríamos llamar la integración de la misión de la empresa en la Misión Personal

[142] Junto a esta propuesta de integración de la misión motora en los procesos de la empresa, creemos conveniente a citar aquí las recomendaciones de JAPL (1993, 136-138) sobre posibles líneas de actuación para promover el desarrollo de las motivaciones transcendentes en los miembros de una organización. Unas recomendaciones que, de manera genérica, aplican en mayor o menor medida a todos los procesos que vamos a comentar. Estas líneas son:

- *No ser obstáculo* para que las personas actúen por motivos prosociales cuando quieran hacerlo. Una cuestión que, "al contrario de lo que pueda parecer, no es nada fácil de cumplir". De hecho, "el mundo sería, probablemente, mucho mejor si todas las organizaciones respetasen esta condición".

- *Enseñar* a las personas acerca del valor real de sus acciones, es decir, a valorar las consecuencias de sus acciones en los otros.

- *Ser ejemplar* en el esfuerzo por actuar por motivaciones prosociales. Un principio que, "estrictamente hablando, no es sólo una línea de actuación, sino que constituye una verdadera condición incluso para la aplicación de las dos anteriores".

- aquello que conecta a la persona con su más auténtico propósito (Covey, 1992)-. Este proceso, que se fragua progresivamente en las personas, no se puede imponer desde fuera, pero sí se puede facilitar mediante acciones de diversa índole. De hecho, de los seis procesos que vamos a ver para el desarrollo de la misión motora, la interiorización es su proceso principal y los cinco procesos restantes, que veremos a continuación, son más bien procesos de apoyo de este primero[143].

Reflexión

La reflexión es un proceso intra-personal que consiste en pensar atenta y detenidamente sobre algo. En las empresas, este es un proceso bastante frecuente que puede está presente, por ejemplo, en los ejercicio de planificación estratégica o al inicio del proceso anual de fijación de objetivos. La integración de este tipo de procesos en el desarrollo de la misión motora consiste en utilizarlos para *fortalecer* el conocimiento abstracto y experimental sobre la misión de la empresa y sus stakeholders. Además, a través de la reflexión las personas pueden tomar una mayor conciencia de la forma en que están interiorizando los conocimientos que tienen sobre la misión, o en qué aspectos estos conocimientos son insuficientes. Estos procesos de reflexión son de gran importancia pues si no existe una cierta reflexión periódica sobre la misión, es difícil desarrollar la misión motora de forma estable.

[143] De cara al desarrollo de la misión motora, el proceso de interiorización de la misión motora es responsabilidad de todas y cada una de las personas de la empresa, tanto del presidente como del último empleado. Ahora bien, podríamos decir que la responsabilidad primera en la realización de estos ejercicios recae en las personas que gobiernan y dirigen la empresa. Esta cuestión es de gran importancia pues, si los que dirigen la empresa no actúan por motivos prosociales, será extraordinariamente peligroso apelar a los motivos prosociales de sus empleados. Esto es debido a que "sus motivos reales serán descubiertos más pronto o más tarde (generalmente antes de lo que se supone), y las personas suelen reaccionar con violencia contra cualquiera que los engañe apelando falsamente a un plano motivacional tan profundo (JAPL, 1993, 138)".

Liderazgo

El liderazgo es un proceso interpersonal de influencia por parte del líder hacía sus colaboradores (Cardona, 2000, 201-206). La integración de este proceso en el desarrollo de la misión motora consiste en promover la influencia directa del líder –ya sea mediante su ejemplo o mediante acciones concretas- en el conocimiento abstracto y experimental de sus colaboradores acerca de la misión de la empresa[144]. Esta influencia se produce cuando los colaboradores ven en sus líderes un fuerte convencimiento por la misión, o un alto sentimiento de afecto hacia los stakeholders de la misma. Es algo que se genera de manera natural cuando el líder entiende su trabajo como un servicio a la misión, poniendo la misión por encima de los intereses personales. En cierta medida, podríamos decir que en estos procesos se genera una *transmisión personal* del conocimiento abstracto y experimental por parte del líder hacia sus colaboradores. Un proceso que tiene como resultado lo que Cardona y Rey (2009) llaman el *liderazgo centrado en la misión*.

Coaching

El coaching es un proceso interpersonal que busca el "despliegue de potencialidades y el desarrollo de las capacidades de las personas (Vilallonga, 2003). La integración de este tipo de procesos en el desarrollo de la misión motora consiste en incorporar en la agenda del coach acciones que faciliten el desarrollo del conocimiento abstracto y experimental de sus colaboradores acerca de la misión de la empresa, así como acciones que ayuden a los colaboradores a comprender y valorar el impacto de su trabajo en la misión. Una labor que, en términos generales, puede verse como un *apoyo al desarrollo* del conocimiento mediante acciones como, por ejemplo, ayudando a los colaboradores a reflexionar

[144] Una influencia que está fundamentada en la *interiorización (*Cardona, 2000*)*, es decir, por la congruencia entre los principios y valores del líder y los de sus colaboradores.

sobre la importancia de la misión de la empresa. Es lo que podríamos llamar el *coaching centrado en la misión*. Además, esta labor de coaching incluirá también la de ayudar a los colaboradores a que hagan lo mismo con los que, a su vez, dependen de ellos (JAPL, 1993, 138). De esta forma el coaching en "cascada", entendido como una forma de ayudar a los colaboradores a desarrollar sus motivaciones prosociales ligadas a la misión, puede ser una forma muy efectiva de impulsar el desarrollo de la misión motora en la empresa.

Formación

La formación, analizada aquí desde la perspectiva organizativa, es la transmisión a los miembros de la empresa de los conocimientos y habilidades necesarios para el desarrollo de su trabajo. La integración de este proceso en el desarrollo de la misión motora consiste en transmitir a los empleados los conocimientos necesarios para el desarrollo de las motivaciones prosociales ligadas a la misión. Es lo que podríamos llamar una *transmisión institucional* del conocimiento acerca de la misión, que podemos contemplar desde los tres tipos de conocimiento expuestos:

- Formación para el desarrollo del conocimiento abstracto de convencimiento: enseñando a los empleados porqué es importante la misión como principio fundamental de la empresa, la conveniencia de la misión desde el punto de vista humano y social, la importancia del equilibrio que debe existir entre los elementos de una misión, los beneficios de actuar con una filosofía de gestión centrada en una misión, etc...

- Formación para el desarrollo del conocimiento experimental de afecto por los stakeholders de la misión: facilitando formación sobre quiénes son y cuál es su relación con la empresa, realizando casos o ejercicios prácticos que acerquen a los empleados a los stakeholders de la misión, promoviendo en la empresa una cultura de agradecimiento, etc…

- Formación sobre el impacto del trabajo en la misión de la empresa: mostrando la importancia y relevancia "intrínseca" de todos los puestos de trabajo, explicando para cada tipología específica de trabajo cuál es su influencia e impacto en la misión, enseñando a los empleados a valorar su contribución a la misión de la empresa, etc…

A su vez, especialmente para los directivos y mandos, estas acciones pueden incluir la formación en los procesos que hemos presentado anteriormente - interiorización, reflexión, coaching y liderazgo-, explicando cómo utilizarlos para impulsar y promover el desarrollo de la misión motora en su trabajo y en el de sus colaboradores. En definitiva, la integración de la misión motora en la formación consiste en que la empresa no se limite a formar a sus empleados en "cómo" hacer su trabajo, sino también en "cómo" desarrollar las motivaciones que deben impulsar su trabajo. Una formación que, en nuestra opinión, no debe consistir en unas "lecciones" puntuales, sino que debe entenderse como una formación continua, en la que los empleados vayan profundizando y ampliando su conocimiento acerca de la misión de manera progresiva.

Información

La información –que más que un proceso, es un conjunto de procesos- consiste en poner a disposición de los empleados determinados conocimientos necesarios para el desarrollo de su trabajo. La integración de estos procesos en el desarrollo de la misión motora consiste en facilitar información a los empleados que facilite el desarrollo del conocimiento abstracto y experimental acerca de la misión. Como regla práctica, esta integración consiste en aprovechar cualquier tipo de comunicación a los empleados como una "oportunidad" para mostrarles que la misión es una realidad "viva", y que está presente en el actuar y sentir de los miembros de la empresa. Es lo que podríamos llamar comunicar "en clave misión". Por ejemplo, donde antes la empresa se limitaba a comunicar a los empleados las decisiones de la dirección, ahora puede utilizar estas comunicaciones para explicar porqué estas decisiones son buenas y convenientes para el desarrollo de la misión. En el desarrollo de la misión motora, este tipo de información es de gran importancia pues ayuda a la *actualización* del conocimiento abstracto y experimental al que venimos haciendo referencia y, a su vez, sirve a los empleados de ejemplo y fuente de "inspiración" para el desarrollo de las motivaciones prosociales en sus actuaciones.

En definitiva, el desarrollo de la misión motora a través en los procesos de gestión del conocimiento –interiorización, reflexión, coaching, liderazgo, formación e información- busca la generación "natural" de la misión motora. De esta forma, el desarrollo de las motivaciones prosociales ligadas a la misión de la empresa no aparece como una actividad más de la empresa o un proceso añadido, sino que emana directamente de los procesos de la organización.

9.7.- Experiencias positivas con los stakeholders de la misión

Siguiendo con el modelo presentado para el desarrollo de la misión motora en la organización, vamos a ver a continuación un factor que, según los desarrollos de Grant, impacta de forma significativa en el desarrollo de las motivaciones prosociales. Se trata de la conexión entre los trabajadores y los beneficiarios de su trabajo. La importancia de estas conexiones está fundamentada en el resultado de diversos estudios empíricos que Grant realizó sobre distintos colectivos de trabajadores (Grant, 2007b ; 2011). En estos estudios, Grant demostró que las personas que mantienen contactos positivos[145] con los beneficiarios, manifiestan un mayor nivel de motivación que aquellos que permanecen aislados de este tipo de conexiones[146]. En base a estas investigaciones, Grant (2011) propone que, para todo tipo de trabajos, las empresas deben establecer conexiones entre los empleados y los clientes para facilitar que los empleados puedan experimentar, directamente, cómo su trabajo influye en beneficio de los "otros". Una propuesta especialmente relevante en puestos donde las personas no tienen contacto con los beneficiarios de su trabajo –operarios de producción, funciones administrativas de soporte, etc...-. Como buenas prácticas a imitar, Grant (2011) presenta los siguientes ejemplos:

- En la celebración anual de Medtronic, fabricante de soluciones para la salud, la empresa invita a pacientes que cuentan a los empleados cómo los productos y tecnologías de la empresa han tenido un impacto significativo en sus vidas.

---

[145] Por contactos positivos Grant (2007b) entiende aquellos que se desarrollan de forma respetuosa y en los cuáles los empleados reciben feedback positivo por parte de los beneficiarios de su trabajo.

[146] En uno de sus estudios, Grant invitó a un alumno receptor de una beca de estudiante a que mantuviera una conversación con un grupo de "tele-marketers" encargados de captar fondos para becas universitarias. En la conversación, el alumno explicó cómo el trabajo de los "tele-marketers" le había permitido pagar la universidad, la importancia que este hecho había tenido en su vida y les mostró su agradecimiento. Al cabo de un mes, el grupo que mantuvo la charla con el estudiante había incrementado un 142% el tiempo al teléfono y un 171% la cantidad de fondos captados. El grupo de control, que no tuvo contacto con el estudiante, no mostró ninguna variación en sus resultados (Grant, 2011, 99).

- Los managers de Wells Fargo muestran al personal vídeos de clientes explicando cómo sus préstamos de bajo interés les han ayudado a comprar una casa o a recuperarse de situaciones de endeudamiento severo.

- En Let´s Go Publications, editorial de guías turísticas, los managers hacen circular entre los editores las cartas de agradecimiento que reciben de los lectores.

- Microsoft fomenta que los programadores mantengan conexiones personales con usuarios para promover la empatía con el cliente e impulsar su motivación.

- En Merrill Lynch, las reuniones semanales de equipo empiezan con historias que muestran cómo el trabajo realizado por el equipo ha supuesto una diferencia positiva en las vidas de los clientes.

Para Grant, este tipo de conexiones entre los empleados y los clientes es fundamental y, por mínimas que sean, tienen una gran capacidad de fomentar las motivaciones prosociales (2007b, 54). Para establecer estas conexiones, Grant sugiere que los directivos identifiquen casos relevantes de clientes en los que la empresa ha impactado significativamente y les inviten a las instalaciones de la empresa para que muestren su agradecimiento a los empleados. Incluso cuando no es posible establecer conexiones directas, Grant (2011) propone acciones como, por ejemplo, mostrar fotos o vídeos del impacto de los productos de la empresa en los clientes, hacer circular historias internas sobre cómo los empleados se esfuerzan por servir al cliente, o compartir con los empleados anécdotas sobre la importancia y relevancia de su trabajo para con los demás.

Ahora bien, como el propio Grant advierte, este tipo de actuaciones debe ser congruente con la filosofía de la empresa, y deben ser consideradas como un apoyo a la labor de liderazgo de los directivos, nunca como un sustituto. Esto es debido a que si los empleados perciben estas acciones como una manipulación por parte de sus jefes para la maximizar la productividad y los beneficios, el efecto de estas acciones será negativo, pues las personas tenderán a reaccionar frente a ellas con cinismo y escepticismo (Grant, 20011, 102).

En nuestra opinión, estas propuestas de Grant, consideradas de forma más amplia, pueden ser de gran ayuda para el desarrollo de la misión motora. De hecho, acciones similares a las comentadas pueden realizarse para impulsar lo que aquí vamos a llamar *experiencias positivas de los empleados con los stakeholders de la misión*. Estas conexiones, además de los clientes, pueden incluir personas representativas de otros stakeholders de la misión como accionistas, proveedores, representantes de agentes sociales, etc… En nuestra opinión, para el desarrollo de la misión motora -especialmente en su vertiente afectiva-, es de gran importancia que los empleados puedan desarrollar estas experiencias positivas con los diferentes stakeholders de la misión.

Siguiendo con el modelo que venimos presentando, las experiencias de este tipo pueden actuar como impulsoras de la motivación prosocial a tres niveles:

- Facilitan el desarrollo del conocimiento experimental de afecto hacia los stakeholders. Por ejemplo, desde el punto de vista afectivo, probablemente tiene más impacto una conversación con un cliente agradecido que leer el "índice de satisfacción de clientes". De igual forma, por ejemplo, escuchar a un empleado acerca de lo satisfecho que está en la empresa suele ser emocionalmente más efectivo que ver los resultados de la encuesta de clima colgados en el tablón de anuncios.

- Facilitan el desarrollo del conocimiento abstracto de convencimiento acerca de la misión. Por ejemplo, la explicación a los empleados sobre la conveniencia de contribuir a los accionistas será más convincente si la realiza directamente un accionista que si la realiza el formador de un curso.

- Facilitan una mayor percepción sobre el grado de impacto del trabajo en la misión. Por ejemplo, para el personal administrativo de "back office", poder intercambiar experiencias con los compañeros de "front office", o con los clientes, puede ayudarles a entender mejor el impacto que su trabajo tiene en la misión de la empresa.

Ahora bien, siguiendo con la advertencia de Grant (2011, 102) sobre el posible mal uso de este tipo de actuaciones, las experiencias positivas con los stakeholders de la misión deben ser siempre "autenticas" y acordes con la filosofía de la empresa. En caso contrario, estas acciones pueden caer fácilmente en la incongruencia y tener un efecto negativo en el empleado y en su motivación.

CONCLUSIONES

En las últimas décadas, muchas empresas han dedicado tiempo y recursos para definir una misión. Sin embargo, en términos generales, el impacto de estos esfuerzos sobre el comportamiento de los empleados y el rendimiento de la empresa es significativamente bajo. Es lo que podríamos llamar el *fracaso de la misión* en el mundo empresarial. Frente a esta situación, en esta tesis hemos realizado una revisión crítica de la teoría y práctica de la misión con objeto de encontrar soluciones que contribuyan a un mejor desarrollo de la misión en la empresa.

Vamos a ver a continuación las conclusiones de estas tesis siguiendo la estructura de sus tres partes principales.

Parte I

En la primera parte de nuestra investigación, hemos analizado la misión de la empresa en cuanto a su tratamiento en la teoría por diversos autores y en cuanto a su implementación en la práctica en las empresas. En base a esta revisión, hemos establecido una serie de recomendaciones que pretenden ser de ayuda para, tanto a nivel teórico como práctico, superar el presente fracaso de la misión en el mundo de la empresa. En conjunto, hemos establecido: a) seis recomendaciones prácticas y b) una recomendación teórica.

a) Recomendaciones prácticas

1.- Centrar el contenido de la misión en la contribución a determinados stakeholders cubriendo, como mínimo, los tres stakeholders principales de la empresa: clientes, accionistas y empleados.

En las últimas dos décadas, es cada vez mayor el número de autores e investigaciones que aconsejan centrar el contenido de la misión en la contribución de la empresa a determinados stakeholders, como pueden ser los clientes, los empleados, los accionistas o la sociedad en general. Sin embargo, en la actualidad, buena parte de la práctica de las empresas presenta un contenido de la misión demasiado amplio y ambiguo –propio de la literatura de los años 80' e inicios de los 90'- que se confunde con otros conceptos como el de *"visión", "valores" o "estrategia"*. Frente a esta situación, creemos necesario actualizar las metodologías prácticas para la implementación de la misión centrando su contenido en *la contribución a determinados stakeholders* y, de acuerdo con las investigaciones de Kotter y Heskett (1992), considerando, como mínimo, a *clientes, accionistas y empleados.*

2.- Asegurar el compromiso con la misión por parte de los órganos de gobierno de la empresa.

Para que una misión sea válida, debe llevar siempre el compromiso de los que gobiernan y dirigen la organización. Sin embargo, en los ejercicios de definición de misión y en las metodologías que los promueven, no siempre se asegura que exista este compromiso. De hecho, la evidencia demuestra que, en porcentajes significativos, los órganos de gobierno ni siquiera participan en estos ejercicios. Frente a esta situación, y dada su relevancia, entendemos que es necesario incluir en los procesos de definición y comunicación de la misión, mecanismos específicos que aseguren el compromiso por parte de los que gobiernan y dirigen la empresa.

3.- Ampliar las metodologías existentes para la definición y comunicación de la misión con procesos de despliegue de la misión a lo largo de la cadena de mando.

Como se demuestra en varias investigaciones, las metodologías comúnmente utilizadas para definir y comunicar una misión son insuficientes para hacer llegar la misión de manera clara y concreta a todos los miembros de la organización. Frente a esta situación, proponemos ampliar las metodologías existentes realizando un despliegue en cascada de la misión en las diferentes divisiones, departamentos y personas de la empresa.

4.- Utilizar la misión como variable cuantitativa, midiendo y evaluando su grado de desarrollo a lo largo del tiempo.

En el marco teórico existente y en la práctica, lo habitual es utilizar la misión únicamente como una variable cualitativa o descriptiva –donde lo importante es su contenido e impacto sobre otras variables-. Sin embargo, de cara una mayor consistencia entre la misión y el día a día de la empresa, se debe utilizar la misión también como una variable cuantitativa –donde lo importante es medir su grado de desarrollo-. Esto significa que, en el proceso de definición e implementación de la misión, además de establecer su contenido, se debe concretar y actualizar periódicamente el grado en el que se está realizando.

5.- Reforzar la implementación de la misión mediante metodologías que faciliten y aseguren su integración en los sistemas de gestión.

A pesar de las numerosas recomendaciones de diferentes autores sobre la necesidad de integrar la misión en los sistemas de gestión de la empresa, existe un vacío, tanto en la literatura como en la investigación, en cuanto a cómo realizar esta integración en la práctica. Siendo éste un tema fundamental para una adecuada implementación de la misión, es necesario el desarrollo e investigación sobre técnicas que ayuden a explicar cómo realizar esta integración de manera efectiva asegurando el alineamiento entre la misión y los sistemas de gestión de la empresa.

6.- Incluir en las metodologías para la definición de la misión mecanismos que aseguren su revisión periódica.

Varios autores defienden que la misión debe ser revisada periódicamente para asegurar que siguen vigentes los supuestos básicos que la mantienen. Sin embargo, estas recomendaciones no están recogidas en las metodologías prácticas comúnmente utilizadas para la definición y comunicación de la misión. Por este motivo, deben reforzarse las metodologías existentes con mecanismos que establezcan el modo y frecuencia con que la misión debe ser revisada y actualizada a lo largo de tiempo.

b) Recomendación teórica:

Frente a la evidencia empírica del escaso impacto que, en general, la misión tiene en el comportamiento de los empleados, hemos procedido a analizar el marco teórico de la misión, considerando que lo que está fallando es algo más que una deficiente implementación práctica de la teoría existente. En nuestro análisis hemos comprobado que la forma en que la literatura contempla comúnmente la misión es incompleta, pues sólo recoge parte de lo que es una misión. Ante esta evidencia, hemos realizado la siguiente recomendación:

Realizar una re-definición del concepto misión comúnmente utilizado en la literatura considerando, como parte constitutiva y esencial de la misión, las motivaciones prosociales de los miembros de la empresa.

Comúnmente, el marco teórico existente contempla la misión como una declaración formal del "para qué" de la empresa, pero esta perspectiva es incompleta. Para entender la misión de manera completa, es necesario incluir las motivaciones prosociales de las personas como parte constitutiva y esencial de la misma. La misión, por tanto, no debe considerarse sólo bajo la perspectiva de las contribuciones que la empresa hace o quiere hacer por sus stakeholders –como, por ejemplo, dar un buen servicio al cliente- sino que consiste también en asegurar que los miembros de la empresa tengan verdadera motivación prosocial por realizar dichas contribuciones.

Parte II

En la segunda parte de la tesis nos hemos centrado en el análisis empírico de la recomendación teórica de la primera parte de la tesis de *considerar las motivaciones prosociales de los miembros de la empresa como parte constitutiva de la misión.* Sobre esta cuestión, hemos considerado dos perspectivas: viabilidad y relevancia.

1.- Análisis de viabilidad: en esta perspectiva, hemos examinado en qué medida el desarrollo de las motivaciones prosociales es compatible con las tipologías clásicas de motivación –extrínseca e intrínseca-. Es decir, en qué forma nuestra recomendación es viable desde el punto de vista del fenómeno de la motivación en su conjunto. En relación esta cuestión hemos establecido dos hipótesis:

Hipótesis 1: La motivación prosocial está correlacionada de forma positiva y significativa con la motivación intrínseca.

Hipótesis 2: La motivación prosocial no está correlacionada de forma negativa con la motivación extrínseca.

2.- Análisis de relevancia: en esta perspectiva, hemos estudiado en qué medida la motivación prosocial de los miembros de la empresa es relevante para el desarrollo de la misión en la práctica. Para ello, hemos analizado en qué medida las motivaciones prosociales contribuyen al desarrollo del *compromiso de los empleados con la misión* de la empresa. En relación esta cuestión hemos establecido la siguiente hipótesis:

Hipótesis 3: La motivación prosocial de los miembros de la empresa influye de forma positiva y significativa en el desarrollo del compromiso de los empleados con la misión.

A partir del análisis estadístico de los datos del estudio "La cultura empresarial" del IESE-IRCO sobre una muestra de 65 empresas, hemos analizado las hipótesis planteadas obteniendo las siguientes conclusiones:

a) Conclusiones a la H1:

A partir del análisis cuantitativo de los resultados obtenidos en nuestra investigación, hemos corroborado que existe una correlación positiva y significativa entre ambas variables. Estos resultados confirman que la motivación prosocial es compatible con el desarrollo de la motivación intrínseca y que, a su vez, ambos tipos de motivación se acompañan y complementan en su desarrollo.

b) Conclusiones a la H2:

A partir de los datos obtenidos, hemos corroborado que no existe una correlación negativa entre la motivación intrínseca y extrínseca. En nuestra opinión, esto demuestra que el desarrollo de la motivación prosocial es compatible con el desarrollo de las motivaciones extrínsecas. Es decir, en el contexto de la empresa, donde las personas generalmente mantienen motivaciones extrínsecas en su trabajo, este hecho no representa "per-se" un freno o barrera para el desarrollo de las motivaciones prosociales.

c) Conclusiones a la H3:

A partir de los datos obtenidos, hemos comprobado que la motivación prosocial, a pesar de ser un factor apenas considerado en la literatura de la misión, ejerce una influencia significativa en el desarrollo práctico de la misión en la empresa. Estos resultados corroboran la relevancia de las motivaciones prosociales como parte constitutiva del fenómeno de la misión y, en nuestra opinión, confirma la necesidad de replantear el concepto misión comúnmente utilizado por la literatura.

Un hecho que tiene implicaciones de orden teórico, pero también numerosas implicaciones de orden práctico.

Parte III

En la tercera parte de la tesis, hemos presentado un nuevo modelo de conceptual de misión basado en las recomendaciones y conclusiones elaboradas en la primera y segunda parte de la tesis. Este modelo, está compuesto por tres dimensiones:

- **la dimensión formal** -que hemos llamado *misión formal*–, es la declaración explícita de fines de la empresa en tanto es identificada como tal por los miembros de la organización. Es el "para qué" de la empresa expresado en términos cualitativos.

- **la dimensión dinámica** –que hemos llamado *misión dinámica*-, es el grado de realización de la misión formal. Es el "para qué" de la empresa expresado en términos cuantitativos.

- **la dimensión motora** –que hemos llamado *misión motora*-, es la motivación prosocial de los miembros de la organización ligada a la misión formal. Es el "para qué" de la empresa en el ámbito de las motivaciones de las personas que trabajan en ella.

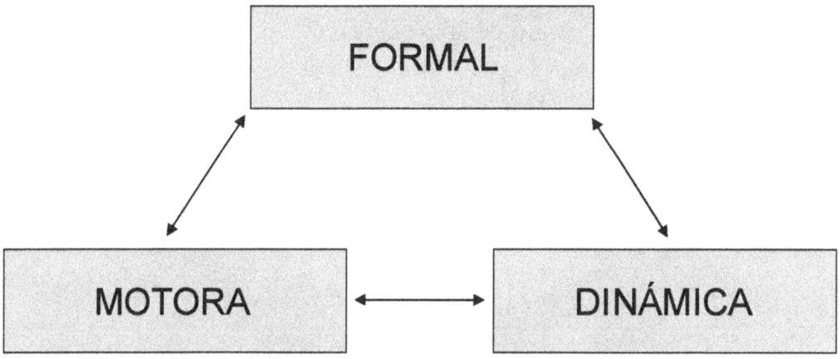

En nuestra opinión, esta propuesta tridimensional de misión recoge el modelo mínimo conceptual que define lo que es la misión de la empresa. Contemplar la misión desde una perspectiva meramente formal –la situación más común en la práctica-, olvidando sus otras dos dimensiones necesarias es, por tanto, una reducción insuficiente del concepto misión. Una implementación de la misión debe abarcar siempre, y como mínimo, sus tres dimensiones incluyendo, además de la misión formal, la medición del grado de desarrollo de la misión y el desarrollo de las motivaciones prosociales de los miembros de la empresa.

Para cada una de las tres dimensiones hemos expuesto sus fundamentos teóricos y algunas propuestas metodológicas para su desarrollo. En la dimensión formal, hemos complementado la literatura existente con algunas propuestas metodológicas de despliegue y revisión periódica de la misión. En el desarrollo de la dimensión dinámica, hemos planteado una propuesta metodológica de fusión entre la misión y el Balanced Scorecard (Kaplan & Norton, 1996) y, a su vez, hemos realizado una propuesta de auditoría para verificar la correcta implantación de la misión en los sistemas de gestión. Finalmente, en el desarrollo de la dimensión motora, hemos profundizado en las dos vertientes de la misión en el ámbito de las motivaciones de las personas –la vertiente racional y la vertiente afectiva- y establecido algunas recomendaciones para el desarrollo de las motivaciones prosociales en los miembros de la organización.

En resumen, este trabajo propone un nuevo y más completo concepto de "misión" para superar las deficiencias conceptuales y metodológicas que, a nuestro juicio, han sido la causa del fracaso de la misión en el mundo empresarial.

REFERENCIAS BIBLIOGRÁFICAS

Abrahams, J., (1995). "The mission statement book: 301 mission statements from America"s top companies". Ten Speed Press, Berkeley.

Alcázar, M., (2008). "Introducción al Octógono: una teoría de empresas centrada en el conocimiento y querer de las personas". Empresa y Humanismo, cuaderno 93, 4ª Ed.

Alcázar, M. (2010). "Las decisiones directivas: una aproximación antropológica al logro de eficacia y de aprendizaje positivo en las organizaciones". Instituto empresa y humanismo, Pamplona.

Anderson, C. (1997). "Values-based management" Academy of management Executive. Vol 11, nº4, p25-46.

Andreu, R., Rosanas, J.M. (2010). "Manifiesto para un management mejor". IESE, Documento de investigación, DI-885. Octubre (rev. febrero 2011).

Ariño, M. A. (2005). "Toma de decisiones y gobierno de organizaciones". Deusto, Bilbao.

Asher, M. (1991). "Mission into Action". Total Quality Management, Vol. 2 nº 2 p119-121.

Baetz, M.C. and Bart, C.K. (1996). "Developing mission statements which work". Long Range Planning, Vol. 29 No. 4, p526-533.

Ballvé, A. y Debeljuh, P. (2006). "Misión y Valores". Gestión 2000, Avellaneda.

Barnard, CH. (1938), "The functions of the executive". Harvard University Press, Boston.

Bart, C.K. (1997). "Sex, lies, and mission statements". Business Horizons, Vol. 40, No. 6, p9-19.

Bart, C.K. and Baetz, M.C. (1998). "The relationship between mission statements and firm performance: an exploratory study". Journal of Management Studies. Vol. 35No. 6, p823-853.

Bart, C.K., Bontis, N. and Tagger, S. (2001). "A model of the impact of mission statements on firm performance". Management Decision, Vol. 39 No. 1, p19-33.

Bartkus, B. & Glassman, M. (2007). "Do firms practice what they preach? The relationship between mission statements and stakeholder management". Journal of Business Ethics, nº 83, p207-215.

Bartkus, B., Glassman, M. and Mcafee, R.B. (2000). "Mission statements: Are they smoke and mirrors?" Business Horizons, Vol. 43 No. 6, p23-27.

Bartkus, B., Glassman, M. and Mcafee, R.B. (2004). "A comparison of the quality of European Japanese and US mission statements: a content analysis". European Management Journal, vol. 22 nº. 4, p393-401.

Bartkus, B., Glassman, M. and Mcafee, R.B. (2006). "Mission statement quality and financial performance". European Management Journal, Vol. 24 No. 1 p86-94.

Bastons, M., (2000). "La toma de decisiones en la organización". Ariel. Barcelona.

Brown,W. A., & Yoshioka, C. F. (2003). "Mission attachment and satisfaction as factors in employee retention". Nonprofit Management and Leadership, 14(2), p5-18.

Calfee, D.L., David, L. (1993). "Get your Mission Statement working" Management Review, Vol. 82, Iss 1, January, p54-57.

Campbell, A. and Nash, L. (1992). "A Sense of Mission: defining direction for the large corporation". Addison-Wesley. Wakefield.

Campbell, **A.**, Yeung, S. (1991). "Creating a Sense of Mission". Long Range Planning, Aug 91, Vol. 24 Issue 4, p10-20.

Cardona, P. (2000). "Transcendental Leadership". The leadership & Organization Development Journal, 21, 4, p201-206.

Cardona, P., Lawrence, BS., Espejo, A. (2003). "Outcome-based theory of work motivation". IESE, D/495-E, February.

Cardona, P. & Chinchilla, N. (1999). "Intrategia: Una dimensión básica de la cultura empresarial". IESE FHN-323, p1-12.

Cardona, P., Garcia-Lombardía, P. (2005). "Como desarrollar las competencias de liderazgo". Eunsa, Navarra.

Cardona, P., Rey, C. (2003). "Management by missions: how to make the mission a part of managemet". Occasional Paper IESE No 03/11E.

Cardona, P., Rey, C. (2005). "Dirección por Misiones". Deusto, Barcelona.

Cardona, P., Rey, C. (2008). "Dirección por Misiones". Deusto, Barcelona. 2ªEd.

Cardona, P., Rey, C. (2009). "El Liderazgo centrado en la misión". Harvard Deusto Business Review. Junio, p46-56.

Clark, R. (1986). "Making the Corporate Mission Possible". CA Magazine, Vol. 119, June, p30-37.

Cochran, D. S., David, F. R. and Gibson, C. K. (1985). "A Framework for Developing an Effective Mission Statement". Journal of Business Strategies, nº 2, p27-39.

Collins, J.C. and Porras, J.I. (1996a). "Build to last". Century, London.

Collins, J.C. & Porras, J.I. (1996b). "Building Your Company"s Vision". Harvard Business Review, Vol. 74, Iss 5, September/October, p65-77.

Conger, J.A. & Canungo, R.N. (1988). "Charismatic Leadership in Organizations". Sage Corporation, New Delhi.

Covey, S. (1992). "First things first". Shimon & Shuster, New York.

Covin, J., Slevin, D. Schultz R. (1994). "Implementing strategic missions: Effective strategic, structural and tactical choices". Journal of Management Studies 31:4. July, p481-505.

Crotts, J., Dickson D. & Ford, R. (2005). "Aligning organizational processes with mission: the case of service excellence". Academy of Management Executive. Vol. 19. Nº 3, p54-68.

Darwin L. K., (2010). "Current mission statement emphasis: be ethical and be global". Academy of Strategic Management Journal; Jun2010, Vol. 9 Issue 2, p71-87.

David, F. R., (1989). "How companies define their mission". Long Range Planning, 22(1), p90-97.

David, F.R., (2003). "It"s time to redraft your mission statement". Journal of Business Strategy, Vol. 24 No. 1. P.11

Deci, E. L. (1971). "The Effects of Externally Mediated Rewards on Intrinsic Motivation." Journal of Personality and Social Psychology, Vol. 18, p105-115.

Deming, W.E. (1994). "The new economics". MIT press, New York.

Dessler, G. (1999). "How to earn your employees" commitment. Academy of management Executive, vol.13, nº2.

Dermer, J. (1975). "The interrelationship of intrinsic and extrinsic motivation". Academy of Management Journal, vol 18, No.1, p125-129.

Drucker, P., (1954). "The practice of management". Harper & Row, New York.

Drucker, P., (1964). "Managing for Results". Harper & Row, New York.

Drucker, P., (1974). "Management: tasks, responsibilities, practices". Harper & Row, New York.

Edvinsson, L. (1997). "Developing Intellectual Capital at Skandia". Long Range Planning. Jun, vol. 30, p366-373.

Fayol, H. (1949). "General and Industrial Management". Pitman Publishing. London.

Ferreiro, P., Alcázar, M., (2002). "Gobierno de las personas en la empresa". PAD, Universidad de Piura, 5ª Ed.

Finegan, J.E. (2000). "The impact of person and organizational values on organizational commitment". Journal of Occupational and Organizational Psychology. N° 73, p149-169.

Freeman, E. and Reed, D. (1983). "Stockholders and Stakeholders: A New Perspective on Corporate Governance". California Management Review. Vol. XXV, nº 3, Spring, p88-106.

Friedman, M. (1962). "Capitalism and Freedom". University of Chicago Press.

García S., Dolan S. (1997). "Dirección por Valores". Mc Graw-Hill, Madrid.

Grant, A. M . (2007a). "Relational job design and the motivation to make a prosocial difference". Academy of Management Review, Apr, Vol. 32 Issue 2, p393-417.

Grant, A. M . (2007b). "Impact and the art of motivation maintenance: The effects of contact with beneficiaries on persistence behavior" . Organizational Behavior and Human Decision Processes. No 103, p53–67.

Grant, A. M . (2008a). "Does Intrinsic Motivation Fuel the Prosocial Fire? Motivational Synergy in Predicting Persistence, Performance, and Productivity". Journal of Applied Psychology, Jan, Vol. 93 Issue 1, p48-58.

Grant, A.M. (2008b). "The significance of task significance: Job performance effects, relational mechanisms, and boundary conditions". Journal of Applied Psychology. vol. 93, p108-124.

Grant, A.M. & Sonnentag, S. (2010). "Doing good buffers against feeling bad: Prosocial impact compensates for negative task and self-evaluations" Organizational Behavior and Human Decision Processes, Vol. 111, p13-22.

Grant, A.M., Gino, F. (2010). "A little thanks goes a long way: Explaining why gratitude expressions motivate prosocial behavior". Journal of Personality and Social Psychology. Vol. 98, p946-955.

Grant, A. M., Berry, J. (2011). "The Necessity of Others is the Mother of Invention: Intrinsic and Prosocial Motivations, Perspective Taking, and Creativity". Academy of Management Journal, Feb, Vol. 54 Issue 1, p73-96.

Grant, A. M . (2011). "How customers can rally your troops". Harvard Business Review. Jun2011, Vol. 89 Issue 6, p96-103.

George, W. (2001). "Academy Address". Academy of Management Executive. vol 15, nº 4, p39-47.

Grundy, A. (1995). "Destroying Shareholder Value : Ten Easy Ways". Long Range Planning, Vol. 28, No 3, p76-83.

Hamel, G. & Prahalad, C.K., (1989). "Strategic Intent". Harvard Business Review, Vol. 67, Iss 3, p63-76.

Haschak, P. G. (1998). "Corporate Statements". McFarland, North Carolina.

Herzberg, F.(1966). "Work and the nature of man". Crowell. New York.

Huete, L., Serrano, J., Soler, I. (1997). "Servicios y Beneficios". Deusto, Bilbao.

Hultman, K., (2005). "Evaluating organizational values". Organizational Development Journal. Vol. 23. N 4, p32-44.

IESE/BM, (2010). "Éxito empresarial: importancia de la Misión o la Ejecución". (http://issuu.com/burson-marsteller-emea/docs/informep_p_bmiese/1?mode=a_p).

Ireland, R. D. & Hitt, M. A. (1992). "Mission statements: importance, challenge and recommendations for development". Business Horizons, 35, 3, May-June, p34.

Jones, P. and Kahaner, L. (1995). "Say it and Live it: 50 corporate mission statements that hit the mark". Currency Doubleday. New York.

Kanter, R. M. (2010). "Work Pray Love". Harvard Business Review, Dec, vol. 88 Iss. 12, p38.

Kaplan, R. & Norton, D. (1992). "The Balanced Scorecard, Measures That Drive Performance". Harvard Business Review. Jan/Feb, vol. 70, p71-79.

Kaplan, R. & Norton, D. (1996). "The Balanced Scorecard". Harvard Business school press, Boston.

Kaplan, R. & Norton, D. (2004). "Measuring the Strategic Readiness of Intangible Assets". Harvard Business Review. Feb, vol. 82, p52-63.

Kaplan, R. & Norton, D. (2007). "Using the Balanced Scorecard as a Strategic Management System". Harvard Business Review. Jul/Aug, vol. 85, p150-161.

Kaplan, R. & Norton, D. (2008). "Mastering the Management System". Harvard Business Review. Jan, vol., p62-67.

Kelman, H. C. (1958). "Compliance, identification, and internalization: Three processes of attitude change". Journal of Conflict Resolution". Vol 2, p51-59.

Kim, S.E., Lee, J.W. (2007). "Is mission attachment an effective management tool for employee retention?" Review of Public Personnel Administration. Vol. 27. N°3. Sept, p227-246.

King, D.L., Case, C.J, Premo, K.M. (2010). "Current mission statement emphasis: be ethical and go global". Academy of strategic management journal. Vol 9, nº 2, p71-80.

King, W. & Cleland, D. (1979). "Strategic Planning and Policy". Van Nostrand Reinhold, New York.

Kotter J.P. & Heskett. J.L. (1992). "Corporate culture and Performance". Free press. New York.

Krohe, J. (1995). "Do you really need a mission statement?". Across the board, Jul/Aug. Vel 32, p16-21.

Nash, L. (1988). "Mission statements: Mirrors and Windows". Harvard Business Review, April-March, p155-156.

Leuthesser, L. and C. Kohli (1997). "Corporate Identity: The Role of Mission Statements". Business Horizons, 40(3), p59-65.

Levitt, T. (1960) "Marketing Myophia". Harvard Business Review.

Llano, A. (2002). "La vida lograda". Ariel, Barcelona.

Maslow, A. (1954). "Motivation and Personality". Harper and Row, New York.

Mc Gregor, D. (1960). "The human side of enterprise". McGraw Hill. New York.

Mc Gregor, D., (1966). "Leadership and Motivation" The MIT Press, Cambridge, Mass.

Mc Gowan, W. G. (1986). "What Business Are We Really In? The Question Revisited. Sloan management review. Fall86, Vol. 28 Issue 1, p59-62.

Melé, D., (2009). "Business ethics in action". Palgrave Macmillan, New York.

Melé, D., Garriga, E. y Guillén, M. (2000). "Políticas de ética empresarial en las mayores 500 empresas españolas". IESE OP 00/4, Julio.

Meyer, J.P. & Allen, N.J. (1991). "A three-component conceptualization of organizational commitment". Human Resource Management Review, Spring91, Vol. 1, Iss. 1, p61-89.

Mintzberg, H. (1984). "La estructura de las organizaciones". Ariel Economía. Barcelona.

Murphy, P. (1998). "Eighty Exemplary Ethics Statements". University of Notre Dame Press.

Nevado Peña, D. y López Ruiz, V. (2007). "Medir los intangibles: claves para determinar el valor de la empresa". Estrategia Financiera, nº 236. Febrero, p52-62.

Nimwegen, G., Bollen. L. et al. (2008). "A stakeholder perspective on mission statements: an international empirical study". International Journal of Organizational Analysis. Vol 16, nº ½, p61-81.

O"Reilly C., Chatman, J. Caldwell, D. (1991). "People and organizational culture: a profile comparison approach to assessing person-organization fit". Academy of Management Journal. Vol. 34, no. 3, p487-516.

Odiorne, G.S, (1965). "Management by Objectives". Pitman Publishing Corporation. New York.

Olives J. (2005). “La ciudad cautiva”. Siruela, Madrid.

Ouchi, W., (1981). “Theory Z: How american Business can met the Japanese challenge”. Addison-Wesley, USA.

Pascale, R.T, Athos, A.G. (1981). “The art of Japanese Management”. Simon and Schuster. New York.

Pearce, J. A., (1982). "The Company Mission as a Strategic Goal". Sloan Management Review, Spring, p15-24.

Pearce, J. A. and David, F. R. (1987). “Corporate mission statements: the bottom line”. Academy of Management Executive, 1, 2, p39-44.

Pearce, J.A. & Kendall, R. (1988). “Multinationalisation of the Mission Statement”. Advanced Management Journal, Vol. 53, Iss 3, Summer, p39-44.

Pérez López, J.A. (1987). “Las motivaciones humanas”. IESE 485-011-FHN-161, p1-16.

Pérez López, J.A. (1991). “Teoría de la acción humana en las organizaciones (la acción personal)”. Rialp, Madrid.

Pérez López, J.A. (1993). “Fundamentos de la dirección de empresas”. Rialp, Madrid.

Peters T. & Waterman R. (1982). “In search of Excellence”. Harper & Row, New York.

Pfeffer, J. (1998). “The human equation”. Harvard business school press, Boston.

Pin, J.R. y Susaeta, L. (2003). "La motivación de directivo en el sector financiero español: análisis comparativo de la banca privada y pública.". IESE DI nº 507.

Quinn R. and Rohrbaugh J., (1983). "A spatial model of effectiveness criteria: towards a competing values approach to organizational analysis" Management Science. Vol. 29. Nº 3, p363-377.

Rangan, K. (2004). "Lofty Missions, Down to Earth Plans". Harvard Business Review, March, p112-118.

Renart, L. (2005). "Marketing relacional, cómo dar en el blanco". Antiguos alumnos IESE, Julio-Sept, p20-24.

Ricart, J.E., Llopis, J. y Pastoriza, E. (2007). "Yo dirijo". Deusto, Barcelona.

Rokeach, M., (1973). "The nature of human values". The Free Press, New York.

Rosanas, J.M. (2006). "Indicadores de gestión, incentivos, motivación y ética en el control de gestión". IESE, Occasional Paper, OP-06/11. Mayo.

Rosanas, J.M. (2009). "Organización y Management". IESE, Occasional Paper, OP-166. Marzo.

Rosenzweig, P. (2010). "Robert McNamara and the evolution of modern management". Harvard Business review. December, p86-93.

Schein, E. (1992). "Organizational culture and Leadership". Jossey Bass, San Francisco.

Senge, P. (1998). "The practice of innovation". Leader to Leader nº 9, summer, p16-22.

Sheridan, J.E. (1992). "Organizational culture and employee retention". Academy of management journal. Vol. 35. No 5, p1036-1056.

Sidhu, J. (2010). "Mission statements: Is it time to shelve them?" European Management Journal, Vol. 21, Issue 4, August, p439-446.

Simons, R. (1995). "Control in the Age of Empowerment". Harvard Business Review. March-april, p80-88.

Simons, R., (2010). "Seven questions to stress test your strategy". Harvard Business Review. Nov, p92-100.

Stallworth, L. (2008). "The mission statement. A corporate reporting toll with past, present and Future". Journal of Business Communication, Vol. 45, nº 2, April, p94-119.

Sufi, T. & Lyons, H. (2003). "Mission statements exposed". International Journal of Contemporary Hospitality Management, 15/5, p255-262.

Taylor, F.W., (1915). "The principles of scientific management". Harper & Row, New York.

Tichy, N. & Devanna, M.A. (1986). "The transformational Leader". John Wiley & Sons, New York.

Useem, M. (2010). "Four Lessons in Adaptive Leadership". Harvard Business Review, nov., vol. 88 Iss.11, p86-90.

Vélaz, J.I., (1996). "Motivos y motivaciones en la empresa". Díaz de Santos.

Vilallonga, M. (2003). "Coaching directivo: desarrollando el liderazgo". Ariel.
Vroom V., (1964). "Work and motivation". John Wiley & Sons, New York.

Wagensberg, J. (2010). "Las raíces triviales de lo fundamental". Tusquets editors, Barcelona.

Want, J.H. (1986). "Corporate mission: the intangible contributor to performance", Management Review, Vol. 75 No. 8, p46-50.

Warner, M.J. (1995). "The Nested Mission Statement" Executive Excellence" Vol. 12, Iss 11, Nov, p1.

Wright, J. N. (2002). "Mission and Reality and Why not?" Journal of Change Management 3(1), p30-44.

Wulf, Inge (2009). "Measuring Intellectual Capital - An Approach for Management Purposes". Proceedings of the European Conference on Intellectual Capital, May, p546-556.

ANEXO

DESCRIPCIÓN DEL ESTUDIO EMPÍRICO

La Cultura Empresarial: estudio de investigación en empresas españolas y portuguesas

CONTENIDOS

1.- Invitación a las empresas

2.- Descripción de los cuestionarios

3.- Proceso de ejecución

4.- Recopilación y análisis de los datos

1.- Invitación a las empresas

Documento informativo enviado a las empresas[148]

IRCO (International Research Center on Organizations)

Diagnóstico de Cultura Empresarial

Proyecto de investigación

La Cultura Empresarial: pilar básico en tiempos complejos,

¿Cuál es el estado de la cultura en nuestra organización?

- Medir para poder gestionar, ¿disponemos de indicadores de grado de avance y evolución de nuestra cultura?
- Más allá de la encuesta de clima: hilando más fino, aportando nuevas claves de lectura
- ¿Conocemos las fortalezas y áreas de mejora de nuestra cultura?

[148] El contacto con las empresas se lleva a cabo mediante una breve conversación telefónica con la dirección de la empresa exponiendo los objetivos de la investigación, metodología de trabajo, timing... Posteriormente se envía por correo electrónico un documento informativo invitándoles a participar en el estudio.

Metodología

- El estudio se realiza mediante un cuestionario on-line (10-15 min)
- Participan los primeros niveles Directivos & Mandos (50 personas aprox.)

Variables del estudio

El estudio mide un conjunto de variables que abarcan los principales elementos de la cultura empresarial:

- **MOTIVACIÓN:** Utilización y valoración de las palancas de motivación.
- **UNIDAD:** Es la medida de compromiso con la misión de la empresa
- **VALORES:** Principios de actuación que caracterizan la situación actual / deseable de la empresa.

Beneficios para la empresa participante

En el plazo de una semana tras la ejecución del análisis, el equipo de investigación presentará un informe particular que contendrá los siguientes elementos:

- La presentación agregada de los resultados por los niveles de segmentación diseñados.
- Comparativa con los datos medios de la muestra.
- Recomendaciones específicas y conclusiones.

A continuación le mostramos los pasos a dar tras confirmar la participación en el proyecto:

TIMING TOTAL DEL ESTUDIO: 3 SEMANAS

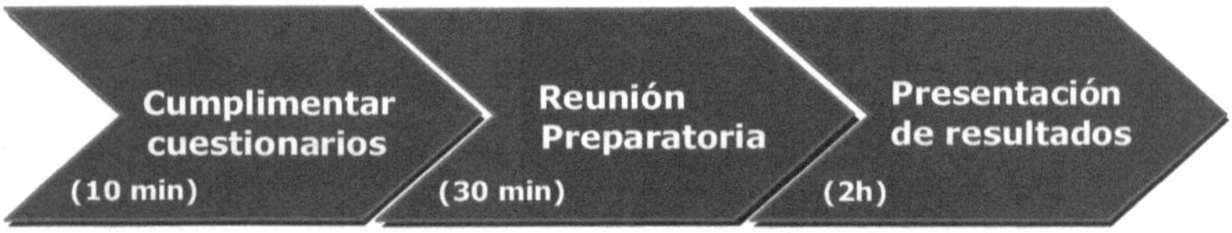

1.- Reunión Preparatoria: Concretar la información necesaria para el lanzamiento.

2.- Cumplimentar los cuestionarios: Lanzamiento de los cuestionarios a los participantes.

3.- Sesión de presentación de resultados y entrega del informe particular.

2.- Descripción de los cuestionarios

A continuación se presenta una breve descripción de los cuestionarios empleados para la medición de las distintas variables. Para cada una de las variables se facilita la descripción de la metodología empleada y los ejercicios/preguntas del cuestionario a cumplimentar por los encuestados. Las variables consideradas son:

- Motivación
- Valores
- Compromiso de los empleados con la misión

2.1.- Motivación

Para la medición de la motivación, se utiliza un cuestionario que, mediante preguntas cerradas mide el grado de motivaciones extrínsecas, intrínsecas y trascendentes en relación al ejercicio del trabajo diario. Los "motivadores" considerados con son:

Motivos extrínsecos:

- Obtener una prima o un aumento de sueldo

Motivos Intrínsecos:

- La satisfacción por el trabajo
- El desarrollo personal y profesional
- El aprendizaje

Motivos Trascendentes:

- La contribución a la generación de beneficio
- La contribución a la empresa
- La contribución a la satisfacción de los clientes
- La contribución al desarrollo y bienestar de los empleados
- La contribución con el entorno

Para cada uno de los factores, se ha preguntando a los participantes, mediante una escala de 0 a 4, por:

a) Instrumentalidad: en qué medida sienten que estos factores son un resultado derivado de hacer bien su trabajo

b) Valencia: en qué medida estos factores son importantes para el encuestado.

MOTIVACIÓN: Cuestionario on-line

a) Instrumentalidad

* SI USTED REALIZA SU TRABAJO BIEN:

* Puede obtener una prima o un incremento salarial.

1: Nunca
2: Casi nunca
3: A menudo
4: Frecuentemente
5: Siempre

1 2 3 4 5

* EN SU PUESTO DE TRABAJO ACTUAL:

Siente satisfacción por su trabajo

1: Nunca
2: Casi nunca
3: A menudo
4: Frecuentemente
5: Siempre

1 2 3 4 5

* EN SU PUESTO DE TRABAJO ACTUAL:

* Siente que se desarrolla a nivel personal y profesional

1: Nunca
2: Casi nunca
3: A menudo
4: Frecuentemente
5: Siempre

1	2	3	4	5

* EN SU PUESTO DE TRABAJO ACTUAL:

Siente que aprende cosas nuevas

1: Nunca
2: Casi nunca
3: A menudo
4: Frecuentemente
5: Siempre

1	2	3	4	5

* EN SU PUESTO DE TRABAJO ACTUAL:

Siente que contribuye a que la empresa genere beneficio

1: Nunca
2: Casi nunca
3: A menudo
4: Frecuentemente
5: Siempre

1 2 3 4 5

* EN SU PUESTO DE TRABAJO ACTUAL:

* Siente que su trabajo es importante para la empresa

1: Nunca
2: Casi nunca
3: A menudo
4: Frecuentemente
5: Siempre

1 2 3 4 5

* EN SU PUESTO DE TRABAJO ACTUAL:

* Siente que contribuye a la satisfacción de los clientes

1: Nunca
2: Casi nunca
3: A menudo
4: Frecuentemente
5: Siempre

1 2 3 4 5

* EN SU PUESTO DE TRABAJO ACTUAL:

Siente que contribuye al desarrollo y bienestar de los empleados

1: Nunca
2: Casi nunca
3: A menudo
4: Frecuentemente
5: Siempre

1 2 3 4 5

* EN SU PUESTO DE TRABAJO ACTUAL:

Siente que contribuye / colabora con su entorno (Referido al entorno en el que la empresa realiza su actividad: sensibilidad con el medio ambiente, contribución a la sociedad, etc.)

1: Nunca
2: Casi nunca
3: A menudo
4: Frecuentemente
5: Siempre

1	2	3	4	5

b) Valencia

* A continuación se listan una serie de aspectos. ¿Hasta qué punto son importantes para usted?

1: Nada importante
2: Poco importante
3: Importante
4: Bastante importante
5: Muy importante

	1	2	3	4	5
Sentir satisfacción por el trabajo.	1	2	3	4	5
El buen funcionamiento de la empresa.	1	2	3	4	5
La satisfacción del cliente.	1	2	3	4	5
Obtener una prima o un incremento salarial.	1	2	3	4	5

* A continuación se listan una serie de aspectos. ¿Hasta qué punto son importantes para usted?

1: Nada importante
2: Poco importante
3: Importante
4: Bastante importante
5: Muy importante

	1	2	3	4	5
Desarrollar nuevos conocimientos.	1	2	3	4	5
El bienestar de los empleados.	1	2	3	4	5
El beneficio de la empresa.	1	2	3	4	5
El desarrollo personal y profesional de sus capacidades.	1	2	3	4	5
Su comunidad / sociedad en general	1	2	3	4	5

2.2.- Valores

Este ejercicio realiza una medición sobre la coincidencia entre los valores personales y organizativos. Para su realización se utiliza un cuestionario de un total de 32 valores distribuidos de manera proporcional en las cuatro categorías de Cardona y Rey (2005) para el establecimiento de valores: valores de negocio, valores relacionales, valores de desarrollo y valores de contribución. En total, se han incluido un conjunto de 8 valores por cada categoría.

A continuación se muestran las diferentes clasificaciones de valores Cardona y Rey (2005):

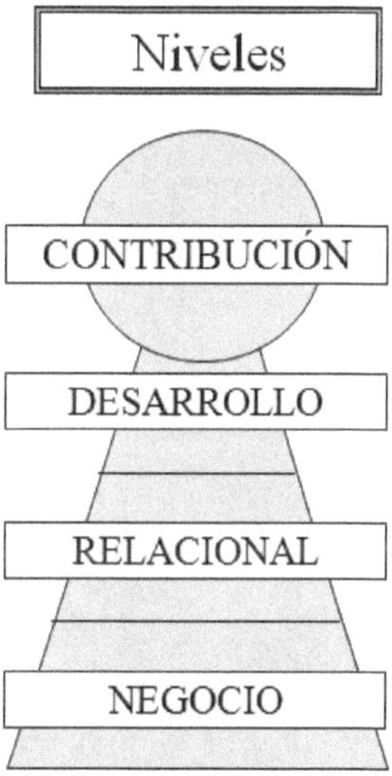

Contribución: Buscan la aportación a clientes, empleados y otros stakeholders más allá de las obligaciones contraídas: Satisfacción del cliente, responsabilidad social, la ética,...

Desarrollo: Persigue la mejora y diferenciación de la empresa: Mejora continua, innovación, aprendizaje, ser mejores que la competencia,...

Gestión Relacional: Vela por la calidad de las relaciones interpersonales: Respeto, confianza, comunicación, compromiso,...

Negocio: Buscan la preservación de las relaciones de intercambio: Eficiencia, generar beneficios, control, conseguir los objetivos,...

Sobre este listado de valores, se solicita a los encuestados que realicen dos ejercicios sucesivos.

a) Valores reales: en primer lugar, se les presenta un mapa de los 32 valores y se les solicita marquen los 8 valores que caracterizan la realidad de su empresa.
b) Valores deseables: a continuación se les presenta un nuevo mapa con la misma lista de valores en la que deben marcar los 8 valores que, en su opinión, son los más adecuados para el buen funcionamiento de la empresa.

VALORES: Cuestionario on-line

a) Valores reales

* En el presente ejercicio le proponemos marque los 8 VALORES / Comportamientos que, bajo su punto de vista, reflejan la **situación actual de su empresa** u organización.

(Por favor, asegúrese de seleccionar **8** valores)

- [ ] Controlar.
- [ ] La mejora continua.
- [ ] Cooperación.
- [ ] Esfuerzo.
- [ ] Innovación y creatividad.
- [ ] Cuidar el medio ambiente.
- [ ] Ser los mejores.
- [ ] Interés por las personas.
- [ ] Compromiso.
- [ ] Desarrollo profesional de los empleados.
- [ ] Espíritu de servicio.
- [ ] Buenas relaciones entre las personas.
- [ ] Conseguir los objetivos.
- [ ] Responsabilidad social.
- [ ] Respeto por la gente.
- [ ] Profesionalidad.
- [ ] Competitividad.
- [ ] Un ambiente de trabajo agradable.
- [ ] La generación de beneficio.
- [ ] La integridad en todos los actos.
- [ ] Trabajo en equipo.
- [ ] Calidad.
- [ ] Perspectiva de largo plazo.
- [ ] Equilibrio entre vida personal y trabajo.
- [ ] Comunicación abierta y transparente.
- [ ] Conciencia de costes.
- [ ] Excelencia.
- [ ] La satisfacción del cliente.
- [ ] La Confianza.
- [ ] Eficiencia.
- [ ] Formación y aprendizaje.
- [ ] El Liderazgo .

b) Valores deseables

A continuación, marque con un círculo 8 valores / comportamientos que, bajo su punto de vista, considere **más adecuados para el buen funcionamiento de su organización.**

(Por favor, asegúrese de seleccionar 8 valores)

- ☐ Controlar.
- ☐ La mejora continua.
- ☐ Cooperación.
- ☐ Esfuerzo.
- ☐ Innovación y creatividad.
- ☐ Cuidar el medio ambiente.
- ☐ Ser los mejores.
- ☐ Interés por las personas.
- ☐ Compromiso.
- ☐ Desarrollo profesional de los empleados.
- ☐ Espíritu de servicio.
- ☐ Buenas relaciones entre las personas.
- ☐ Conseguir los objetivos.
- ☐ Responsabilidad social.
- ☐ Respeto por la gente.
- ☐ Profesionalidad.
- ☐ Competitividad.
- ☐ Un ambiente de trabajo agradable.
- ☐ La generación de beneficio.
- ☐ La integridad en todos los actos.
- ☐ Trabajo en equipo.
- ☐ Calidad.
- ☐ Perspectiva de largo plazo.
- ☐ Equilibrio entre vida personal y trabajo.
- ☐ Comunicación abierta y transparente.
- ☐ Conciencia de costes.
- ☐ Excelencia.
- ☐ La satisfacción del cliente.
- ☐ La Confianza.
- ☐ Eficiencia.
- ☐ Formación y aprendizaje.
- ☐ El Liderazgo

2.3.- Compromiso de los empleados con la misión

Para medición del compromiso de los empleados con la misión se ha utilizado una pregunta cerrada con una escala de 1 al 5.

* Utilizando la escala correspondiente, indique su grado de acuerdo con las siguientes afirmaciones sobre su empresa

1: Nada de acuerdo
2: Poco de acuerdo
3: De acuerdo
4: Bastante de acuerdo
5: Totalmente de acuerdo

	1	2	3	4	5
Hay un alto grado de compromiso con la misión y objetivos de la empresa.	1	2	3	4	5

3.- Proceso de ejecución

A continuación se detallan los pasos seguidos para ejecución del estudio:

- Creación del cuestionario
- Diseño de la muestra de participantes
- Plan de comunicación del estudio
- Seguimiento de la participación

3.1.- Creación del cuestionario

El cuestionario se ha realizado mediante la plataforma informática Zoomerang[149]. Inicialmente el programa ofrece diversas opciones para crear el cuestionario en base al tipo de preguntas que se desean plantear. En este caso, se ha optado por una opción que permite personalizar, en diseño y estructura, el formato de las preguntas. El siguiente paso consiste en seleccionar el formato de pregunta y volcar en la aplicación el enunciado y las posibles respuestas. A continuación se muestra un ejemplo de un formato de pregunta que se ha utilizado:

Imagen 1.- Opción de editado del cuestionario.

149 Para información adicional sobre la herramienta y su funcionamiento visitar www.zoomerang.com

Imagen 2.- Edición del enunciado y las preguntas.

3.2.- Diseño de la muestra de participantes

En la investigación participan los primeros niveles directivos y mandos de la compañía (50 personas aprox.). La empresa participante en el estudio facilita al equipo de investigación la muestra de participantes (ver tabla 1).

Muestra de participantes

Nombre	Puesto	NIVEL	mail
	CEO/DIRECTOR GENERAL	1	
	D.GENERAL ADMINISTRACION Y CONTROL	1	
	D.FINANZAS CORPORATIVAS	1	
	D.GENERAL RRHH Y RSC	1	
	D.GENERAL MARKETING Y COMUNICACIÓN	1	
	DIRECCION DE IT	1	
	DIRECCIÓN JURÍDICA	1	
	DIRECCION GENERAL COMERCIAL	1	
	DIRECCION GENERAL EXPLOTACION	1	
	DIRECCION GENERAL PRODUCTO	1	
	DIRECCION GENERAL CONTRATACIÓN Y COMPRAS	1	
	D.CONGRESOS	2	
	D.PRODUCTO /CONTRTACIÓN EMPRESA	2	
	D.PLANIFICACIÓN Y CONTROL	2	
	D.FRANQUICIAS Y ASOCIADAS	2	
	D.GENERAL D-VIAGEM	2	
	D.BUSINESS TRAVEL	2	
	D.COMERCIAL	2	
	D.COMPRAS Y LOGÍSTICA	2	
	D.EXPANSIÓN	2	
	D.OPERACIONES	2	
	D.CONTACT CENTER	2	
	D.MARKETING	2	
	D.PRODUCTO ALTERNATIVOS	2	
	D.PRODUCTO WEB	2	

Tabla 1.- Muestra el listado de participantes del estudio indicando el nombre del participante, el cargo que desempeña en la empresa, el nivel jerárquico y dirección e-mail.

3.3 - Plan de comunicación del estudio

Con el objetivo de comunicar a los encuestados el propósito de la investigación y los pasos a seguir para cumplimentar el cuestionario, se facilita a la dirección de la compañía una propuesta de comunicación del estudio. El contenido de la propuesta podrá ser modificado según lo estime la dirección de la compañía.

Texto del e-mail de comunicación del estudio a los participantes

Estimados...

Me dirijo a vosotros con la intención de solicitar vuestra colaboración en un proyecto de investigación sobre la cultura empresarial llevado a cabo por el IRCO (International Research Center on Organizations) de la escuela de negocios IESE.

Mediante esta iniciativa, en la que ya han participado más de xxx organizaciones, queremos contribuir con la actividad de investigación del IESE e impulsar la generación de conocimiento en materia de cultura empresarial.

Por otro lado, pensamos que también es una buena oportunidad como ejercicio de reflexión sobre el estado de la cultura de nuestra empresa y como medida para identificar áreas con potencial de mejora.

El estudio se compone de una serie de ejercicios que cada uno de vosotros deberéis contestar. A este efecto (nombre del responsable del estudio), investigador de IESE, se pondrá en contacto con vosotros vía e-mail el (fecha de lanzamiento de cuestionarios) para haceros llegar el cuestionario e indicaros los pasos que deberéis seguir.

Quiero remarcar que este cuestionario es totalmente confidencial y, por parte de IESE, se garantiza el más absoluto anonimato de los participantes.

Os agradezco de antemano vuestra colaboración.

Una vez finalizado el proceso de diseño de las preguntas, el sistema ofrece diversas opciones de envío del cuestionario a los encuestados para su cumplimentación. En este caso, se ha optado por la aplicación "Direct Link". Esta aplicación permite acceder al cuestionario a través de un enlace directo que el propio programa genera (ver imagen 2) y que, de forma ágil y sencilla, puede enviarse por correo electrónico a un gran número de participantes.

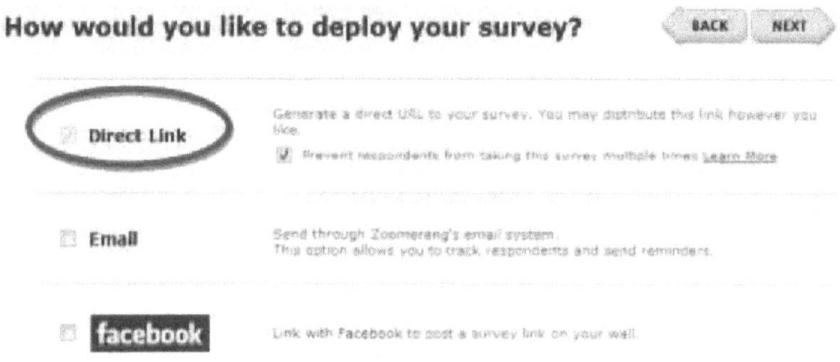

Imagen 3.- Aplicaciones de envío del cuestionario a los participantes.

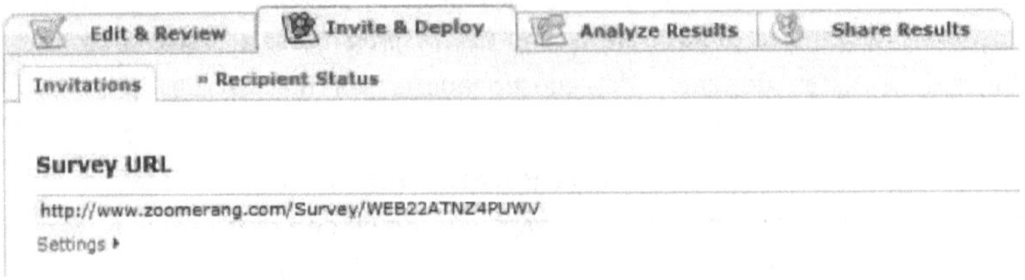

Imagen 4.- Generador del link de acceso al cuestionario.

3.4.- Evolución y seguimiento de la participación

Tras el lanzamiento de los cuestionarios se propone un periodo de una semana para la cumplimentación de los cuestionarios. Diariamente se facilita a la empresa el índice de participación.

NIVEL	SEGMENTACIÓN	INVITACIONES	RESPUESTAS	
			Núm.	%
I	Directivos	19	17	89,47
II	Mandos Intermedios	68	56	82,35
	TOTAL RESPUESTAS	87	73	83,91

Tabla 2.- Muestra la evolución diaria de la participación en el cuestionario.

En el caso de no alcanzar una participación del 75%, se enviará a los participantes un e-mail recordatorio con el objetivo de ampliar el núm. de participantes:

Estimado/a Sr./Sra., En relación a la participación de (nombre de la empresa) en la investigación sobre Cultura Empresarial llevado a cabo por la escuela de negocios IESE-IRCO, queremos agradecer la colaboración de todas aquellas personas que han completado el cuestionario que les hicimos llegar el pasado (fecha de lanzamiento) a su dirección de correo electrónico. Para todos los participantes que no hayan tenido oportunidad de cumplimentar el cuestionario, les agradeceremos lo completen con la mayor brevedad posible puesto que de esta forma los datos obtenidos resultarán más representativos en cuanto al estado de la cultura de su organización. • **FECHA LÍMITE DE RESPUESTA: dd/mm** Le agradezco de antemano su colaboración y quedo a su disposición para cualquier aclaración o tema en el que pueda ayudarle. Reciba un cordial saludo,

Tabla 3.- Propuesta de e-mail recordatorio para los participantes.

4.- Recopilación y Análisis de los datos

4.1.- Recopilación de los datos

El programa de investigación utilizado dispone, entre diversas opciones, de una aplicación que permite exportar los datos de los cuestionarios a una tabla Excel.

Exportación de los datos

1. Data Format

- (•) Standard format (Responses stored as text)
- ( ) Numeric format (Responses stored as numeric values)

2. Target Application

- (•) Excel (tab delimiters, recommended)
- ( ) Other (comma delimiters)

3. Method of Delivery

- ( ) Download (**Note:** your request may take several minutes to prepare.
- (•) Send by email to:

4. Responses

- [x] Completes
- [ ] Partials
- [ ] Screen Outs
- [ ] Over Quota

5. Respondent Email Addresses

- [ ] Include respondent email addresses

EXPORT

Imagen 5.- Configuración de la exportación de los resultados.

Session ID	Submit Time	Question 1: /	Question 2: S	Question 3: I	Question 4: S	Question 5: I	Question 6: S	Question 7: E	Question 8: E
520722794	##########	101	5	5	5	5	4	4	4
520374384	##########	104	4	4	5	4	4	4	4
520398923	##########	106	3	2	3	2	2	3	3
520643296	##########	108	5	5	4	4	4	4	5
520575141	##########	109	1	1	5	1	5	5	5
520563535	##########	111	5	3	5	3	3	4	4
520377365	##########	113	3	1	1	1	4	5	5
520582218	##########	116	5	5	3	4	4	5	5
520428309	##########	119	5	5	5	3	3	5	5
520378245	##########	201	4	3	4	2	4	3	5
520580592	##########	202	4	3	3	3	3	4	5
520673725	##########	205	5	2	4	3	5	4	4
520384964	##########	206	4	3	4	3	4	3	3
520579218	##########	207	3	2	3	3	4	3	5
520679014	##########	209	4	4	5	4	5	5	5
520386191	##########	210	5	3	3	3	4	4	4
520580408	##########	211	4	3	4	4	3	3	4
520580590	##########	212	5	5	5	5	5	5	5
520380530	##########	213	3	4	4	3	3	4	4
520405435	##########	216	5	3	5	3	5	4	3
520381200	##########	218	5	5	5	5	5	4	4
520488023	##########	222	4	4	4	4	4	4	4

Tabla 4.- Documento exportado con las respuestas de los cuestionarios.

4.2.- Análisis de los datos

El análisis estadístico de los datos ha sido realizado mediante el programa informático "Stata" (versión 11). Para más información sobre este programa ver www.stata.com.

Kolibri 360 GmbH
Ferdinand-Jühlke-Straße 7
99095 Erfurt, Deutschland
produktsicherheit@kolibri360.de

Druck:
CPI Druckdienstleistungen GmbH
im Auftrag der
Kolibri 360 GmbH
Ferdinand-Jühlke-Str. 7
99095 Erfurt